KB059104

밀정, 우리 안의 적

밀정, 우리 안의 적

이재석 이세중 강민아 지음

지식너머

추천사

민족문제연구소 상임이사 조세열

3·1운동과 대한민국임시정부 수립 100주년이던 지난해 자주독립과 민주공화주의의 새 장을 연 역사적 사변을 기념하는 열기가 한 해 내내 지속되었다. 학계는 물론 문화예술계와 언론계에서도 다방면에 걸쳐 새로운 관점의 수많은 성과를 내놓았다.

이 중에서도 특히 주목을 받았던 노작이 KBS 탐사보도부가 제작 방영한 〈밀정〉 2부작 다큐멘터리였다. 제작팀은 1년여간 '독립운동의 보이지 않는 적' 밀정을 추적했다. 8개월간 일본 외무성과 방위성의 기밀문서, 헌정자료실에 보관된 각종 서신, 중국 당국이 생산한 공문서 등 5만 장을 입수해 분석했다. 그 결과 일제강점기 밀정 혐의자 895명을 특정했다. 여기에는 누구나 알고 있는 독립운동가까지 포함돼 있어 우리를 경악하게 한다.

제작팀은 새롭게 찾아낸 밀정 관계 자료들을 학계 전문가들을 통해 검증하여 공신력을 확보했다. 이와 함께 역사 다큐멘터리의 전형성을 탈피해 감각적인 영상과 음악으로 완성도를 높여, 이른바 2040 젊은 시청자들에게도 폭발적인 반응을 이끌어냈다. 밀정이라는 생소하고도 무거운 소재를 대중적으로 이해시키는 데 성공한 것이다.

학계에서도 그동안 연구자들의 심층 탐구가 부족했던 밀정이라는 주제를 공영방송이 본격적으로 문제 제기한 데 대해 높이 평가하였다. 전문가를 방불케 하는 방대한 사료조사와 치밀한 검증, 여기에 추적보도의 새로운 지평을 열어보겠다는 열정이 결합해 근래 보기 힘들었던 수작을 탄생시켰다. 탐사저널리즘의 전범을 개척한 제작진에 각계는 '임종국상'을 비롯한 무려 10개가 넘는 상을 수여함으로써 이들의 노고에 응답하였다.

충격적인 내용으로 사회적 파장을 불러일으켰던 다큐멘터리 〈밀정〉이 1년간의 준비를 거쳐 책으로 거듭났다. 다큐멘터리와 마찬가지로 이 책은 대중적인 역사 읽기를 지향하고 있다. 취재 이면의 비화가 흥미로우면서도 정교한 추적과정이 끝까지 긴장감을 놓지 않게 한다.

밀정! 이들은 단순한 매국노나 부역자가 아니었다. 항일 대오 속에 잠입해 독립운동을 내부로부터 파탄시키려 한 가장 악질적인 민족반역자였다. 대한민국임시정부를 최일선에서 보위하고 있던 경무국에까지 밀정이 침투하고 있었으며, 구성원들의 일거수일투족이 실시간으로 일제에 보고되는 형편이었다. 책을 읽노라면 독립투사들의 동가숙 서가식하는 신산한 삶이 저절로 떠오를 수밖에 없게 된다.

책에는 〈밀정〉 2부작뿐만 아니라, 제작진이 발굴하여 'KBS 뉴스9' 톱뉴스로 보도해 3·1운동의 숨은 주역들을 집중 조명한 〈조선총독부가 작성한 3·1운동 계보도〉 취재기와 민족문제연구소와 함께 '경주 최부잣집'에서 발굴된 사료를 분석하여 경주 지역 국채보상운동과 백산무역주식회사의 대한민국임시정부 독립운동 자금 지원을 심층 보도한 사례 등 지난 한 해 KBS 탐사보도부의 빛나는 활약상도 소개하고 있다.

무릇 역사에는 빛과 그늘이 있기 마련이다. 감추고 싶은 치부일수도 있지만 밀정이라는 '어둠의 자식'들이 있었기에 독립투사들의 헌신은 더욱 소중하게 다가온다. 이 책이 그동안 은폐되어 왔던 오욕의 역사를 백일하에 드러내는 한편으로, 일제의 간교한 분열책동 속에서도 끝까지 신념을 굽히지 않았던 대다수 독립투사들을 다시 기리는 계기가 되기를 바란다. 더불어 밀정들이 해방 이후 어떻게 변신해 갔는지 후속작업도 기대해본다.

차례

1장

축제의
시간에
돌아본

'우리의 그늘'

"일본군 100명보다 밀정 하나가 더 무섭다."

역사학자들이 종종 언급하는 문장이다. 독립운동 진영 내부에서 오래전부터 전해 내려오던 격언이라고 해야 할까. 밀정이 얼마나 치명적일 수 있는지를 이만큼 짧고 간결하게 전달하는 말은 없는 것 같다. 설마 일본군 100명보다 더 무섭겠는가? 조금은 과장된 말이 아닐까 하는 생각이 물론 든다. 그러나 곰곰이 따져보면 그게 꼭 그렇지만도 않다. 밀정은 밖에서부터가 아닌 우리 안에서부터 우리 스스로를 파탄의 구렁텅이로 몰고 간다. 어제까지 나의 동지였던 사람이 오늘은 밀정으로 의심된다. 나는 누구보다 순결한 독립운동가지만 언젠가부터 동지들이 이상한 눈초리로 나를 쳐다보는 게 느껴진다. 나의 의심을 받는 동지는 자신의 결백을 입증할 도리가 없고, 동지들의 의심을 받는 나는 나의 결백을 입증할 방도가 없다.

밀정은 우리 안에 불신과 의심, 갈등, 분열, 그 모든 악취 나는 것들을 심어놓는다. 단지 내부 정보가 유출되느냐 마느냐의 문제가 아니다. 그것은 그것대로 중요하지만, 특정 시점에 한정된 문제일 수 있고, 어떤 정보인가에 따라 위기의 정도가 그때그때 다를 수 있다. 진짜 문제는 밀정이 독립운동의 지속성과 동력을 야금야금 갉아먹어 소멸시킨다는 데 있다. 일본군 100명이 쳐들어오면 우리끼리 똘똘 뭉쳐 대항하기라도 하지만, 밀정 한 명이 우리 안에 심어졌다고 판단되면 그 순간부터 도대체 뭉칠 수가 없다. 의심은 인간의 본성이다. 밀정은 거기에 불씨를 던지고 기름을 붓는다.

우리의 '밀정 추적 프로젝트'는 2018년 여름으로 거슬러 올라간다. 3·1운동과 임시정부 수립 100주년이라는 국가적 기념을 1년 남겨둔 시점이었다. 100주년의 뜻을 되새기는 묵직한 탐사보도물을 기획해보고 싶었다. 독립운동의 발자취를 따라가 본다든가, 순국선열들의 숭고한 정신을 상찬하는 일도 의미가 있겠지만, 2019년 내내 많은 방송과 활자매체에서 지속적으로 다룰 게 분명했다. 2019년은 무엇보다 역사의 해니까 말이다. 무언가 다른 접근 방식이 필요했다. KBS 탐사보도부만의 '유니크'한 탐구랄까. 그런 걸 시도해보고 싶었다. 소재의 희소성에 방점을 둔 것도 그 때문이다.

대부분의 탐사보도가 그러하듯 힌트는 역시나 사람 속에서 발견된다. 취재진과 오랫동안 교류해온 김광만 연구원은, 우리에게는 일종의 멘토이자 역사 강사이자 탁월한 사료 발굴가였다. 2018년 어느 여름날 시원한 카페에서 그와 일상적 대화를 나누다가, 그가 무심코 들려주는 말 속에 점점이 박혀 있는 '밀정'이라는 단어가 머릿속에 들어왔다. 대중에게는 이미 동명의 영화로도 잘 알려진 그 단어가 주는 어떤 '음산한 느낌'에 이끌렸다. 100주년에 걸맞은 탐사기획보도의 적합한 소재가 될 거라는 판단이 순간적으로 들었다. 그때가 밀정 추적의 시작이었다.

'수많은 자료'라는 말로는 형용할 수 없을 만큼 그야말로 방대한 일본 자료들을 찬찬히 넘기다 보면 곳곳에서 밀정의 흔적이 발견된다. 사례를 하나 들어보자.

이범윤의 부하 김익준이라는 자가 얼마 전 간도로 와서 잠복하고 있다는 설이 있어서 밀정을 시켜 탐색하게 했습니다. 우리 밀정은 이 사람을 교묘한 방법으로 대안對岸 온성穩城으로 유인했고 헌병대가 그를 체포하였다는 보고가 들어왔습니다.[1]

의병장 이범윤 선생의 부하 김익준이 간도로 왔는데 밀정의 활약(?)으로 붙잡았다는 내용이다. 일제의 강제적 한일병합 직후인 1911년 3월 간도총영사가 고무라 주타로小村壽太郎 외무대신에게 올린 보고서 중 일부다. 이런 식의 서술이 군데군데 흩어져 있다. 물론 위에서 보는 것처럼, '암약'하는 밀정의 특성상 일제를 위해 동포와 동지를 팔아넘긴 밀정이 누구인지는 거의 나오지 않는다. 이름 없는

---

1   이범윤 부하의 동정(1911년 3월 17일), 1209 제22호, 〈불령단관계잡건-조선인의 부-재만주의 부〉.

밀정으로 표기돼 있는 경우가 대부분이다. 이렇게 밀정의 밀고를 토대로 작성된 내부 기밀 보고서는 일본 자료실과 공공기관 곳곳에 남아 있다. 너무 많다. 너무 많아 다 들여다볼 엄두가 나지 않는다.

KBS 탐사보도부는 밀정 추적 프로젝트를 진행하는 동안 수많은 학계 전문가들을 만났다. 그들이 공통적으로 하는 이야기가 있었다. 밀정에 대한 심도 있는 탐구가 그동안 언론계는 말할 것도 없고 학계에서도 진행된 바 없다는 것이었다. 여러 이유가 있겠지만, 우선 돈과 시간문제가 크다. 한정된 예산과 인력으로 독립운동가의 훌륭한 업적을 발굴하는 것만도 버거울 참인데 우리 역사의 '그늘'인 밀정을 파고든다는 것은 현실적으로 어려운 일이라는 얘기다. 방대한 자료 속에 여기저기 흩어져 있는 밀정 관련 자료들을 수집하고 정리하고 분석해야 한다. 쉽지 않은 일이다. 전문가들은 그래서 취재진의 밀정 추적이 어쩌면 '독립운동의 이면사를 쓰는 일'이라는 응원의 말을 많이 해주었다.

2019년은 누가 뭐래도 축제의 해였다. 3·1운동은 세계 근현대사를 통틀어 매우 주목할 만한 피식민 저항운동이었으며, 그것을 동력으로 삼아 출범한 임시정부는 대한민국의 근간이요 토대가 되었다. 축제의 기간, 과거의 '빛'을 이야기하는 것만도 시간이 부족한데 우리 역사의 어두운 '그늘', 그것도 우리 내부의 그늘을 거론한다는 게 쉽지만은 않았다. 우리가 괜히 축제의 불씨를 꺼뜨리는 게 아닐까? 굳이 불편한 진실을 헤집을 필요가 있나? 이런저런 내적 갈

등이 있었다. 그러나 그때마다 전문가들은 늘 수학 공식처럼 딱 떨어지는 해결책으로 우리를 안심시켰다. 어두운 그늘과 그림자가 있어야만 빛이 더욱 환할 수 있다는 것. 수많은 밀정들의 암투가 있었음에도 끝내 독립의 의지를 굽히지 않았던 과거 위대한 선열들의 '빛'을 이보다 더 명증하게 보여줄 방법이 있겠는가 하는 역설이었다. 이 사실은 우리에게 가장 커다란 내적 원동력이 되었다.

취재 기간 동지들에게 치명적인 정보를 일제에 속속 전달하는 또 다른 동지의 모습을 확인하는 것은 매우 씁쓸한 일이었다. 그런데 오히려 이들의 세세한 밀고 덕분에(?) 독립운동가들의 활동 내역이 소상히 드러나는 역설을 확인하는 시간이기도 했다. 밀정의 밀고가 없었으면 항일운동의 역사도 쓰일 수 없다는 전문가들의 우스갯소리가 이런 맥락에서 나오는가 싶었다.

1년의 취재 기간 동안 5만 장에 육박하는 일본과 중국의 기밀 문서를 입수해 분석했다. 망명정부 100주년을 축하하는 광복절을 전후해 〈밀정 2부작〉이 전파를 탔고, 우리가 찾아내고 정리한 밀정 혐의자 895명의 이름을 공개했다. 그 가운데에는 현재 독립유공자로 등록된 사람도 있었다. 방송이 나간 뒤 많은 전문가들의 호평이 잇따랐다. 역사의 엄정함을 다시 한 번 환기하려는 언론의 도전적 문제의식을 잘 보여주었다는 과찬을 받았다. 특히 친일 청산과 관련해 가장 권위 있는 상이라고 할 만한 '임종국상'을 비롯해 한국기자상, 방송기자대상 등 학계·언론계 모두에서 '현기증이 날 만큼'

과분한 호평을 받았다.

이 책은 KBS 탐사보도부의 다큐멘터리 〈밀정 2부작〉을 단순히 요약 정리한 것은 아니다. 기본 골격이나 소재는 겹치지만, 제한된 방송시간에 미처 담지 못했던 자세한 자료 분석, 역사적 사건의 전후 맥락, 기자들의 취재 과정과 소회가 종합돼 있다. 방송의 장르적 한계를 극복하기 위해 택한 또 다른 장르라고 보면 된다. 당연히 내용이 더 풍성하고 많다. 〈밀정 2부작〉을 시청한 사람이든 그렇지 않은 사람이든 이 책을 흥미롭게 읽을 수 있을 것이라고 생각한다.

〈밀정 2부작〉이 방송되고 이 책이 출간되기까지 많은 사람들의 도움을 받았다. 앞서 언급한 김광만 연구원을 비롯해 민족문제연구소와 역사학계 전문가들은 우리가 취재 도중 헤매지 않고 갈피를 잡는 데 길라잡이 역할을 해주었다. 멋들어진 촬영과 편집을 선보인 권순두·이정태·성동혁, 수많은 자료를 꼼꼼하게 우리말로 옮겨준 번역가 이승희, 발굴한 사료를 치밀하게 장악한 최세환·맹지연·김슬기 작가 등의 기여가 컸다. 시도해본 적 없던 밀정 추적이 사실상 처음으로 가능했던 것도 이들과의 밀착된 협동 덕분이었다.

우리 안의 적. 동지의 얼굴을 한 배신자. 밀정의 흔적을 뒤밟아 쫓는 일은 결코 흥미롭기만 한 작업이 아니다. 고통스러운 역사를 마주하는 일이고, 내가 과연 그 시대에 태어났다면 어떤 실존적 선택을 했겠는가를 조용히 자문하는 일이기도 하다. 이제 밀정을 추적하는 여정을 시작해보자.

2장

임시정부의
얼굴,

누가
빼돌렸나?

906~1

906

밀정 이야기는 한 장의 사진으로 시작하는 게 좋을 것 같다. 가로는 길고 세로는 짧은 한 장의 흑백 사진. 스마트폰의 파노라마 기능으로 촬영한 듯한 느낌을 주는 이 흑백 사진은 1919년에 찍힌 것이다. 3·1운동과 임시정부 수립이 있던 바로 그해다.

200여 명이 등장한다. 임시정부 수립 직후를 보여주는 유일한 사진이다. 언뜻 보면 사람들이 너무 작아서 한 명 한 명 얼굴을 식별하기 힘들 것 같지만 실제로는 그렇지 않다. 스캔을 해서 확대하면 비교적 선명하게 보인다. 기존에 얼굴이 알려진 사람이라면 알아볼 수 있는 수준이다.

이 사람들은 누구일까. 그동안 한 번도 공개되지 않았던 이 사진을 취재진은 어떻게 발굴하게 되었을까. 그리고 이 사진이 '밀정'과 도대체 무슨 연관이 있는 것일까.

밀정 추적이 한창 진행 중이던 2019년 3월 국내의 한 소장 학자에게서 제보가 들어왔다. KBS 탐사보도부가 일제강점기에 암약했던 밀정의 흔적을 추적하고 있다는 사실을 전해 들은 이 학자는, 취재진에게 도움이 될 만한 이야기를 전달했다. '밀정과의 사연'이 있는 한 장의 귀중한 사진이 일본 모처에 보관돼 있다는 이야기였다. 밀정도 밀정이지만 무엇보다 시기적으로 매우 뜻깊은 사진이 아닐 수 없었다.

2019년 4월 11일은 대한민국 임시정부가 수립된 지 꼭 100년이 되는 날이었다. 제보가 들어온 때는 임시정부 수립 100주년이 되는 날을 한 달 정도 앞둔 시점이었다. 시간이 많지 않았다.

1919년은 두 개의 기둥, 그러니까 3·1운동과 임시정부 수립이라는 두 개의 역사적 기둥이 세워졌던 해다. 둘은 서로 별개인 듯 보이지만 실질적으로는 하나라고 해야 옳다. 한반도에서 분출한 3·1운동의 동력이 상하이로 이어져 임시정부 수립으로 연결됐다. 일련의 흐름으로 봐야 한다는 이야기다. 1919년 3월과 4월은 한반도 안에서든 밖에서든 '대한독립'을 외치는 거대한 파동이 생성돼 곳곳으로 퍼져 나가고 있었고, 일제 강점에 신음하던 한국인들의 항일운동이 본격적으로 시작된 시기였다고 할 수 있다. 일제 입장에선 좀 더 치밀하고 교묘한 방식으로 한국인들을 관리할 필요성을 느낄 수밖에 없었다. 정보력을 총동원해 독립운동의 동태를 파악해야 했다.

소장 학자의 제보대로 문제의 사진을 입수한다면, 우리가 애당초 추적했던 밀정과의 연관성을 부각할 수 있을 것이고, 무엇보다 4월 11일 대한민국 임시정부 수립 100주년을 기념하는 매우 뜻깊은 사료 발굴이 될 것이라고 판단했다. 그 제보가 있기 전에도 '한 번도 공개되지 않았던 임시정부 초기 단체사진'이 존재한다는 사실은 이미 포착하고 있었다. 다만 문제의 사진이 우리의 큰 주제인 '밀정'과 어떻게 연관되는가가 불분명해서 취재에 속도가 붙지 않고 있던 터였다. 이제 취재진은 주저할 것 없이 곧장 일본으로 날아갔다.

1919년 임시정부 초기 사진을 확인하기 위해 찾아간 곳은 일본 도쿄에 있는 방위연구소였다. 방위성 산하에 있는 자료실이라고 보면 된다. 일본 방위성은 우리의 국방부에 해당한다. 따라서 방위연구소는 '일본 국방부 자료실' 정도로 개념을 잡을 수 있겠다. 일본군에서 생산한 자료들이 이곳에 보관되어 있다. 우리가 찾는 사진도 '군 관련 자료'로 분류돼 방위연구소에 보관 중이었는데, 100년 전 이 사진을 내부 보고용으로 생산한 주체가 경찰이나 외무성이 아닌 일본군이었다는 이야기가 된다.

사진은 〈조선소요사건 관계서류〉라는 제목의 문서 모음집 속에 삽입돼 있었다. 〈조선소요사건 관계서류〉는 1만 3천 쪽에 이르는 방대한 분량의 문서 모음집이다. 총 7책으로 구성돼 있다. 1919년부터 1921년까지 작성된 문서들이 집중되어 있다. 3·1운동을 비롯한 한국 독립운동의 움직임을 파악하고 정리한 각종 내부 문건과 보고서를 확인할 수 있다.

제목에서부터 느낌이 바로 온다. '조선소요사건.' 이게 무엇을 뜻하는가? 조선인들이 소란스럽게 공공질서를 어지럽혔다는 것이다. 우리에겐 독립운동이지만 일본에겐 소요사태다. 그들은 3·1운동을 이렇게 식민주의의 언어인 '조선소요사건'으로 명명했다. 신군부가 1980년 광주항쟁을 소요 또는 폭동으로 인식했던 것을 떠올리게 한다. 지배의 언어는 언제나 본질을 은폐하고 정당성을 참칭한다.

사진이 첨부된 군 내부 보고서는 비교적 분량이 짧다. 제목은 '배일 조선인 사진 송부의 건'이다. 배일 조선인. 일본에 반대하는 조

취재진이 일본 도쿄에 있는 방위연구소에서 임시정부 초기 사진을 발굴하는 모습이다.

선인의 사진을 송부한다는 뜻이다. 1919년 7월 9일 보고서가 전달
됐다. 보고를 올린 사람은 조선군참모장 오노 도요시大野豊四, 보고를
받은 사람은 육군차관 야마나시 한조山梨半造다. '감히' 일본 제국에
반대하는 조선인들이 여기 있습니다, 하며 조선군참모장이 육군차
관에게 올린 보고인 것이다.

　야마나시 한조는 군인으로서, 또 군인 출신 정치인으로서 요직
만을 밟은 사람이다. 1919년 당시에는 육군차관이었지만, 차곡차곡
경력을 쌓아 1927년에는 제4대 조선총독으로 취임한다. 약 2년 동
안 총독 자리에 있었는데, 불법 자금을 받았다는 혐의로 1929년 총
독에서 물러나게 된다.

　이제 문제의 사진 이야기를 해보자. 가로 54센티미터, 세로 20
센티미터다. 남성 178명, 여성 24명, 어린이 23명, 모두 225명이 등
장한다. 일본 보고서는 사진을 이렇게 설명하고 있다.

이 사진은 상하이에 있는 배일 조선인 간부 및 결사자 200여
명의 사진입니다. 이 사진에 나오는 사람에게 한 명당 한 장 외
에는 절대로 더 나눠주지 않았습니다. 사진을 분실할 때에는
제재를 받는다는 서약 아래 엄밀하게 보관된 것입니다.[1]

　1919년 4월에 상하이 임시정부가 수립됐고 이 보고서가 7월에
작성됐으므로, '상하이에 있는 배일 조선인 간부 및 결사자 200여

1　배일 조선인 사진 송부의 건(1919년 7월), 밀(密) 제102호 기(其)353 조참밀(朝參密)
　제694호 제60호, 〈다이쇼 8년 내지 동 10년 조선소요사건 관계서류 공7책 기1〉.

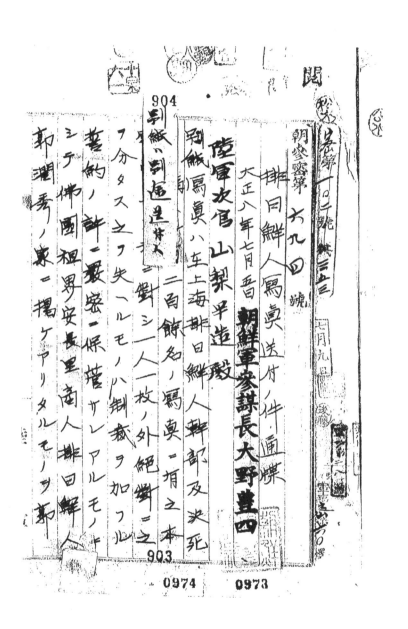

'배일 조선인 사진 송부의 건' 원문

명'은 상하이 임시정부 사람들을 말한다. 임시정부 사람들끼리 기념사진을 찍고 한 장씩 나눠 가져 보관한 것인데 절대로 잃어버리지 말라는 내부 지침이 있었다는 얘기다. 한 장씩만 나눠준 것도 그래서였을 것이다. 사진을 분실하면 일종의 처벌을 받겠다는 서약까지 했다. 당시 일본군은 임시정부 내부 사정을 어떻게 이처럼 세세하게 알게 되었을까.

일단 사진을 분석해볼 필요가 있다. 전문가들의 도움이 필요했다. 독립기념관, 국사편찬위원회, 역사학계 등 복수의 전문가들에게 두루 분석을 맡겼다.

우선 촬영 시점이 중요하다. 일본군 내부 보고 시점이 1919년 7월 9일이므로 당연히 그전에 촬영됐을 것이다. 임시정부가 4월 11일에 수립됐으니까 그보다는 후일 것이다. 결국 4월 11일에서 7월 9

일 사이다. 1919년 임시정부가 수립된 이후 그해 가을까지는 임시정부와 관련한 이렇다 할 사진이 없다. 따라서 임시정부 수립 직후 초기 상황을 보여주는 유일한 사진이라 할 만하다. 우리로선 남다른 가치가 있다.

한가운데 손정도 선생이 자리 잡고 있다. 이 사진에서 확대한 얼굴(왼쪽)과 기존 자료 사진(오른쪽)에서 손정도 선생의 얼굴을 비교했다.

사진 속에도 시점을 추리할 수 있는 단서가 있다. 복장이다. 아직 여름이 오기 전이다. 4월이나 5월이 유력하다. 또 다른 단서는 인물이다. 남성들만을 놓고 보면 그 중심에 손정도 선생이 앉아 있다. 마치 그날의 주인공처럼 보인다.

손정도는 1919년 4월 30일에 임시의정원 2대 의장으로 선출되었다. 임시의정원은 지금으로 치면 국회이고, 의정원 의장은 국회의장 격이다. 그렇다면 손정도 의장 선출을 축하하기 위해 다 함께 모여 찍은 기념사진이 아닌가 추정해볼 수 있다. 시점은 4월 30일부터 5월 초 사이로 보는 편이 유력하다. 시점이 대략 특정된다.

물론 손정도 말고도 다른 인물들도 확인된다.

상하이 교민단장과 의정원 상임위원을 맡았던 김홍서 선생

앞의 단체사진 속 두 명의 인물을 확대해보았다. 왼쪽부터 김홍서, 엄항섭 선생이다.

발굴된 사진의 오른쪽 부분을 확대했다. '이름 없는 주역'들의 모습을 확인할 수 있다.

(1968년 건국훈장 독립장), 훗날 임시정부 주석이 된 김구 선생을 늘 옆에서 보좌했던 엄항섭 선생(1989년 건국훈장 독립장), 해방 이후 국회의장을 지내고 대통령 후보로 나서기도 했던 신익희 선생(1962년 건국훈장 대한민국장)의 젊은 모습을 확인할 수 있다.

전문가들의 분석에 따르면 우리에게 알려진 독립운동가 20여 명을 특정할 수 있었다. 물론 극히 일부다. 전체 등장인물 225명 가운데 성인이 202명이다. 당시 시대적 한계 때문에 남성 중심으로 임시정부가 운영됐다고 본다면, 남성 178명 가운데 20여 명만 확인된다는 것은 안타까운 일이기도 하고 궁금한 일이기도 하다. 나머지 150여 명은 도대체 누구일까?

사진을 확대하면 비교적 얼굴을 식별할 수 있다. 젊은 사람이 많다. 이들은 한마디로 '임시정부의 숨은 주역'들이다. 임시정부 초기 궂은일을 도맡았던 실무자들이다. 초기 의정원 의원, 지금으로 치면 국회의원으로 활동했던 사람들도 적잖이 포함됐을 가능성이 높은데 이름만 기록에 남아 있을 뿐이라, 단체사진에서 그들의 얼굴과 이름을 짝짓는 게 현재로선 쉽지 않다. 명망가들을 도와 임시정부의 기틀을 함께 닦은 젊은이들이지만 우리가 기억하지 못하고 있는, 역사에서 잊힌 얼굴들이다.

사진 촬영 장소는 상하이 프랑스 조계지에 있던 '프랑스공원', 지금의 푸싱공원이 확실해 보인다는 게 현지 전문가들의 대체적인 견해였다. 상하이 임시정부도 프랑스 조계지에 있었다. 조계지는 외국인이 자유롭게 들어와 살면서 행정권과 치외법권을 인정받는 곳을 말한다. 아편전쟁 이후 1845년에 영국이 상하이에 조계지를 둔 게 최초인데, 이 말에서 알 수 있듯 조계지 자체가 제국주의 국가들의 침략을 상징한다. 중국 입장에선 자기네 땅인 상하이에 조계지를 두고자 할 이유가 없다. 프랑스는 중국 땅에 조계지를 둔 제국주의 열강이지만, 한편으로는 '혁명의 나라'라는 별칭에 어울리게 그나마 약소국의 망명정부를 받아들이는 포용성을 어느 정도 갖추고 있었다.

이 사진은 일제에게 어떤 쓰임새가 있었을까. 다시 말하지만 사진 속 인물을 일본은 '배일 조선인'이라 이름 붙였다. 일제가 보기에 일본 제국주의에 도전하는 사람들이자 검거해야 할 대상이었다. 사진 촬영 시점과 비슷한 시기에 일본은 밀정을 동원해 임시정부에 모인 사람들이 누군지를 확인하고자 했다.

> 상하이 조선인들의 조직인 독립청년회라는 것이 있습니다.
> [⋯] 밀정이 계책을 꾸미며 청년회 안에 다시 청년단을 조직하고 경찰과장을 설치할 것입니다. 여기서 조선인 거주자의 민적을 정리하고 [⋯] 4월 27일부터 우선 거류 조선인 각 가구를 조사할 것입니다. 머지않아 모여든 자들의 성명을 정확하게 파악할 수 있으리라 확신합니다.[2]

3·1운동 이후 많은 독립운동가들이 상하이로 건너가 임시정부 수립에 매진했다. 일제는 이들의 동향을 면밀히 감시해야 했고, 사진은 독립운동가들의 신원을 파악하는 데 결정적 단서가 될 수 있었다. 일종의 지명수배용 사진으로 쓰일 수 있는 셈이다.

일제 입장에선 독립운동가들이 단체사진을 찍었다는 사실을 확인한 이상 무슨 수를 써서라도 입수하고자 했을 것이다. 물론 독립운동가들도 일제가 이 사진을 탐낼 것이라는 점을 충분히 예상

2 　정보(상하이 파견원으로부터)(1919년 4월), 〈다이쇼 8년 내지 동 10년 조선소요 사건 관계서류 공 7책 기7〉.

할 수 있었다. 그래서 일제 측 보고에도 나오듯이, "사진을 분실할 때에는 제재를 받는다는 서약 아래 엄밀하게 보관"했던 것이다.

사진을 입수하기 위해 일제가 동원한 수단이 있었다. 다시 보고 내용으로 돌아가보자. 드디어 밀정이 등장한다.

프랑스 조계 장안리長安里에 있는 배일 조선인 상인 곽윤수의 집에 걸려 있던 것입니다. 곽윤수의 처남을 시켜 은밀히 짧은 시간 동안 밀정에게 가져오게 해서 복사한 것입니다. 이를 송부합니다.

정리해보자. 독립운동가와 가족들은 상하이에서 단체사진을 찍었다. 임시정부 수립 직후다. 한 장씩 기념으로 나눠 가졌다. 절대로 일본 측에 들어가면 안 되니 사진을 분실하지 말라고 신신당부했다.

상인 곽윤수 선생 집에도 한 장 걸려 있었다. 이것을 일제 측이 알아냈다. 일제가 고용한 밀정이 곽윤수의 처남에게 은밀히 접근했다. 사진을 '짧은 시간'만이라도 가져오도록 했다. 얼른 복사하고, 아마도 원본은 다시 곽윤수 선생 집에 그대로 갖다 놓았을 것이다. 의심을 피하기 위해서다. 입수된 복사본은 보고 체계를 거쳐 위로 올라갔고 조선군참모장에게까지 도달했다. 그는 자신들이 붙잡아야 할 '배일 조선인 사진'이라며 다시 육군차관에게 보고했다. 그 사

곽윤수 선생. 임시정부를 지원한 공로로 2010년 대통령 표창이 수여되었다.

진이 I00년 동안 일본 도쿄에 있는 방위연구소 자료실에 보관돼오다 서울에서 온 한국 취재진에게 처음 포착된 것이다.

곽윤수는 상인이었다. 인삼을 팔아 모은 돈을 임시정부에 지원하고 자신의 집을 임시정부 사무실과 숙소로 제공했다. 일종의 후견인 역할을 한 것이다. 이런 공로를 인정받아 20I0년 대통령 표창이 수여됐다.

I9I9년 4월 30일부터 석 달 동안 곽윤수의 집은 임시정부 임시사무소로 사용됐다. 극비 사진은 여기에 걸려 있었을 것이다. 많

은 한국인들이 사무소를 들락거렸을 것이고, 그들 중에는 일본이 고용한 밀정도 있었을 것이다. 사진을 보고서 정보 가치가 크다고 판단했을 것이다. 상하이에 있는 일제 측에 보고했고, 어떻게 사진을 빼내야 하나 궁리했을 것이다. 곽윤수의 처남을 약한 고리로 판단해 그에게 접근했을 것이다.

물론 처남이 '적극적 협조자'였는지 아니면 밀정의 감언이설에 속아 사진을 잠시 넘긴 것인지는 확인할 길이 없다. 외부로 나가선 안 될 극비 사진임을 뻔히 알고 있었을 텐데도 유출되었다는 점을 생각하면 적극적 협조자였을 가능성이 높다. 그러나 만약 그 밀정이 임시정부 관계자 중 한 사람이었다면, 그래서 처남이 그를 절대로 의심할 수 없는 상황이었다면, 그리고 그 밀정이 "사진을 못 받은 사람이 있다고 하니 한 장 복사해서 주고 싶다"는 식으로 둘러댔다면 처남이 거기에 속아 넘어갔을 가능성도 있다. 전자든 후자든 일제가 고용한 밀정은 일제 측에겐 더할 나위 없이 유능했다.

취재진은 곽윤수 선생의 후손을 만나보기로 했다. 처남이 누구였고 그가 어떤 삶을 살았는지 들어볼 수 있지 않을까? 더 나아가 일본 기밀 보고서에 등장하는 밀정이 누구인지 간접적 단서라도 찾을 수 있지 않을까 하는 막연한 기대감도 품었다.

다행히 후손을 접촉할 통로가 있었다. 곽윤수 선생이 2010년 대통령 표창을 받았으니 국가보훈처에 등록된 후손이 있을 가능성이 높았다.

　독립운동가의 후손을 찾는 일은 크게 두 가지 방법이 있다. 만약 독립운동가가 훈장을 받은 독립유공자라면 국가보훈처에 후손을 만나고 싶다는 요청을 전달한다. 취재진에게 개인 정보를 함부로 알려줄 수는 없으므로 국가보훈처가 요청 내용을 후손에게 대신 전달하고 의향을 묻는다. 후손이 동의하면 연락이 닿는다. 물론 후손이 모두 사망했거나 행적이 불분명한 경우에는 불가능한 얘기다.

　훈장을 받지 않은 독립운동가라면 그야말로 발품이 드는 취재를 해야 한다. 여기저기 수소문을 하고, 그가 다녔던 학교나 종교시설을 찾아가거나 종친회에 가서 족보를 뒤져보기도 한다.

　국가보훈처에 등록된 곽윤수 선생 후손은 증손녀 김춘자 씨였다. 중국에서 한국으로 귀화했는데 부모님과 조부모님은 모두 중국 국적이라고 했다. 한국어를 비교적 자유롭게 구사해 의사소통에 별 어려움이 없었다.

　김춘자 씨는 취재진에게 호의적이었다. 증조부 곽윤수 선생이 독립유공자라는 사실에 자부심이 많았다. 하고 싶은 이야기가 많다고 했다. 중국에서 태어나 2002년 한국에 온 김춘자 씨는 원래 증조부에 대해 아는 게 거의 없었다. 그러다가 어머니가 돌아가시기 전에 증조부가 독립운동에 헌신했다는 이야기를 남겼다고 한다. 그러나 관련 정보를 찾아볼 수가 없어 답답했다.

그때부터 김춘자 씨에겐 '증조부 행적 추적'이 어떤 피할 수 없는 사명 또는 숙제가 되었다. 역사적 진실을 찾기 위해 하나씩 파헤치기 시작했다. 우선 어학당에 다니면서 한국어를 배웠다. 서툰 언어로 사료를 모으는 일이 쉽진 않았지만 대학 도서관을 돌아다니며 역사 공부부터 시작했다. 독립기념관, 곽씨 종친회, 증조부의 본적지인 서울 중구의 주민센터까지 할아버지의 흔적이 있을 만한 곳은 모두 찾아다녔다. 단편적이지만 조금씩 흔적과 자료를 모을 수 있었다. 수년 동안 발로 뛰며 모은 자료를 국가보훈처에 제출했고, 심사 끝에 2010년 할아버지에게 대통령 표창이 수여됐다. 증손녀가 한국에 홀로 들어온 지 8년 만에 할아버지의 명예를 올바로 찾아준 셈이다.

오랫동안 할아버지 흔적을 추적했기에 김춘자 씨는 곽윤수 선생에 대해서만큼은 전문가나 다름없었다. 곽윤수는 서울 종로에서 상인으로 성공했으나 일본이 협조를 요청하며 줄기차게 압박하자 도피처로 상하이를 택했다. 전 재산을 정리하고 1915년에 상하이로 건너갔다. 보석 가게와 인삼 가게를 운영하며 돈을 모았다.

1919년 임시정부가 수립되자 그는 독립운동에 필요한 정보를 수집하고 경비를 충당하는 일을 맡았다. 벌어들인 돈의 상당 부분을 임시정부에 후원했다. 감시망을 총동원한 일제 입장에선 이런 그가 눈엣가시일 수밖에 없었다. 일본의 압박과 괴롭힘이 계속되자 그는 상하이를 떠나 이곳저곳을 떠도는 삶을 살았다. 그러다

1937년에 심장질환으로 작고했다. 다른 종류의 삶을 선택했다면 부유한 상인으로서 평생 안락한 생활을 누릴 수도 있었지만, 그는 조국의 광복을 보지 못한 채 그렇게 이국땅에서 생을 마감했다.

곽윤수 선생의 자녀 가운데 첫째 딸이 생존해 있다고 했다. 김 춘자 씨에겐 할머니가 되는 셈이다. 104세라고 했다. 사진을 밀정 에게 넘긴 일본 기밀문서 속 '처남'은 104세 할머니의 외삼촌이 되 는 셈이다.

곽윤수 선생의 첫째 딸 곽종옥 할머니와 손자 김문렴 씨를 상 하이에서 직접 만날 수 있었다. 곽종옥 할머니는 100세가 넘은 나 이에도 정정했다. 대화에 큰 문제가 없었다. 다만 두 사람 모두 중국 어를 썼고, 오래전 일에 대해선 할머니의 기억이 선명하지 못했다.

곽종옥 할머니는 어릴 때 상하이에 사는 한인들의 자녀를 위 한 교육기관인 인성학교에 다녔다. 그래서인지 중간 중간 한국어 단어를 섞어 말하기도 했다. 할머니가 기억하는 아버지는 늘 바쁘 고, 많은 사람들과 어울리고, 누군가를 돕는 사람이었다. 집이 임시 정부 사무실로 쓰인 사실은 또렷이 기억하지 못했지만 언제나 한 인들이 많이 찾아왔고, 어른들끼리 모여 회의할 때는 아버지가 항 상 "방에 들어가 있으라"고 말했다고 한다. 당시 독립운동가들의 어 떤 조심스러운 분위기랄까, 그런 것을 짐작하게 하는 대목이다.

곽윤수의 처남이 밀정에게 사진을 건넸다는 사실을 후손들에

취재진은 상하이의 한 호텔에서 곽윤수 선생의 후손(곽종욱, 김문렴)을 만나 인터뷰했다.

게 어떻게 꺼내야 할지 취재진은 막막할 수밖에 없었다. 어쨌든 이들에게는 친인척이고 가문의 조상이다. 불편한 이야기가 될 수도 있다. 그러나 한편으로는 후손이야말로 누구보다 이 사진에 담긴 사연을 알 권리가 있다는 생각도 들었다.

우리가 입수한 문제의 단체사진을 조심스레 꺼내놓고 일본 기밀문서 내용을 소개했다. 사진에 대한 대략적 설명과 사진을 발견한 장소, 그리고 이 사진이 일제 손에 넘어간 경위를 소상히 설명했다. 후손들은 취재진이 꺼내 보인 사진을 처음 보는 사진이라고 했다. 극비 사진을 처남이 밀정에게 넘겼다는 사연을 전했을 때 후손들은 한참 동안 말이 없었다. 무거운 공기가 실내를 가득 채웠다. 미처 예상치 못한 이야기를 들었다는 듯 당황한 모습도 엿보였다. 만약 처남이 밀정의 정체를 알고서도 적극 협조한 것이었다면, 처남 스스로가 밀정이라는 이야기가 성립한다. 가족이 가족을 몰래 배신한 셈이 되는 것이다.

'곽윤수 선생의 처남'에 대해 기억하는 게 있는지 물었다. 할머니는 기억을 더듬으며 한동안 생각에 잠겼지만 외삼촌이 있었는지도 잘 기억하지 못했다. 그런데 손자 김문렴 씨가 조용히 입을 열었다.

"일리가 있네요. 오늘 얘기를 들으니 그동안 품었던 미스터리가 풀렸어요. 왜냐하면 어머니가 예전에 그러셨거든요. 누군가 외할아버지를 배신했다고…."

1937년 일제가 '잡아서 죽여야 할 인물 200인'을 정했는데, 임시정부를 지속적으로 후원한 활동 때문에 할아버지도 거기에 포함됐다는 이야기가 가족들 사이에서 전해 내려왔다고 했다. 그런데 곽윤수가 일본인들에게 쫓겨 도피 생활을 할 당시, 측근 중 누군가가 선생의 동선을 일본 측에 밀고했다고 한다. 가까운 사람 중에 배신자가 있었다는 것이다.

그 '누군가'가 임시정부 단체사진을 일본 밀정에게 넘긴 '처남'

인지는 단정할 수 없지만, 할아버지가 측근의 배신에 상처를 입었다는 구전口傳이 근거 없는 이야기가 아닐 수 있음을, 이미 오래전부터 일제가 할아버지 주변에 밀정을 심어놓았을 가능성이 크다는 것을 취재진을 만나 확인할 수 있었다는 말이었다. '미스터리가 풀렸다'는 말은 이 같은 맥락에서 나온 것이었다.

다만 어머니가 '곽윤수 처남'인 외삼촌 이야기를 한 적은 없는 것 같다고 기억했다. 이들이 취재진과 만난 자리에 가져온 옛날 사진들 속에서도 '곽윤수 처남'의 존재는 찾을 수 없었다. 격동의 현대사를 거치며 일가친척들이 뿔뿔이 흩어져 곽윤수 처가 쪽 후손들과는 연락이 끊겼다고 덧붙였다. 극비 사진을 일본에 넘긴 밀정의 정체를 확인하기 위한 우리의 취재는 거기서 멈출 수밖에 없었지만, 당시 상하이 임시정부 사람들이 얼마나 촘촘한 감시망 속에 있었는가를 실감할 수 있었다.

처음 듣는 이야기에 곽 선생 후손들이 혹시나 마음의 상처를 입진 않았을까 걱정되었지만 다행히 기우였다. 오히려 이들은, 그렇게 일제의 밀정이 할아버지 측근을 포섭하면서까지 독립운동을 밀착 감시했고, 그런 감시망 속에서도 할아버지가 민족을 배신하지 않고 끝까지 소신을 지켰다는 사실을 자랑스러워하는 분위기였다. 김문렴 씨는 이런 말을 덧붙였다. 1년간의 밀정 추적 과정에서 우리는 수많은 사람들을 만났는데, 가장 인상 깊게 들었던 말 중 하나다.

"역사적 관점에서 보면 속상할 필요가 없습니다. 어느 시대나 좋은 사람과 나쁜 사람은 공존하기 마련이니까요. 영웅이 있으면 배신자도 있는 거니까요. 괜찮습니다."

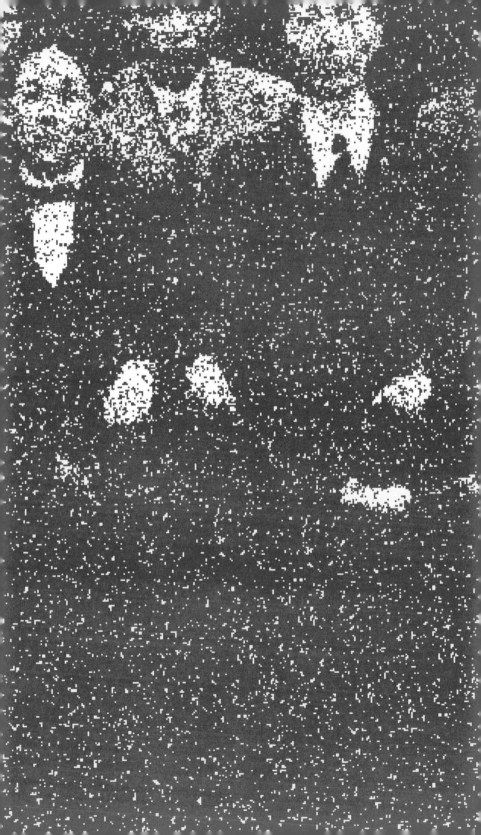

3장

항일운동의
또 다른
서술자,

밀정

우리 독립운동 역사의 '빛'이든 '그늘'이든 그것을 확인하기 위한 사료 발굴의 출발점을 일본으로 삼아야 한다는 것은 참 역설적이다. 한국의 역사를 서술하는 데 일본에 기댈 수밖에 없는 불가피한 현실을 말하는 것이다. 독립운동가들의 빛나는 활약상을 구체적으로 파악하기 위해 첫째로 해야 할 일은 일본에 보관 중인 고문서를 뒤지는 것이다. 그들이 부정적으로 언급하는 사람일수록 우리에겐 더없이 소중한 독립운동가로 평가된다는 역설이 여기에서 발생한다. 일제가 비판, 견제, 증오의 언어로 누군가를 서술한다고 하면 그 사람은 그만큼 독립운동에 적극적으로 매진했다는 이야기가 된다. 지금 우리에게 칭송받아 마땅한 사람인 것이다.

독립운동가를 감시하고 밀고한 밀정의 그림자를 잡아내기 위해서 해야 할 일도 마찬가지로 일본의 공공기관을 찾아가는 것이다. 물론 방금 전 '역설적'이라는 표현을 쓰긴 했지만, 곰곰이 따지고 보면 역설이 아니라 자연스러운 일이다. 우리를 식민 지배한 게 일본이었으니 당대 그들이 만들어낸 자료를 점검하는 일은 당연하고, 자료 보관에 관한 한 '강박'이라고 표현해도 좋을 만큼 '기록의 나라' 일본의 방대하고도 촘촘한 자료 관리 시스템에 의존해야 할 필요성도 분명히 있는 것이니까 말이다. 그래서 역설적이라는 말보다 씁쓸하다고 표현해야 맞을지도 모르겠다.

시간과 예산만 허락한다면 일본에서 자료를 찾아볼 만한 곳은 그야말로 무궁무진하다. 국회도서관과 정부 부처별 자료실이 잘 갖추어져 있는 건 기본이고, 전국 각지의 대학들이 소장하고 있는 자료들, 도쿄 이외 지역에 분포돼 있는 개인 자료관에 보관된 것들도 있다. 이를테면 안중근 의사가 하얼빈역에서 처단한 '일본 제국주의의 심장' 이토 히로부미伊藤博文의 경우 고향인 야마구치현山口縣에 개인 기념관과 자료실이 있다. 거기에도 적잖은 미발굴 사료들이 있을 수 있다.

뒤에서도 언급하겠지만, 2019년 3월 1일 3·1운동 100주년을 맞아 처음 소개한 '3·1운동 계보도'는 심지어 일본 고서점에서 발굴된 것이다. 일본 고서점은 우리가 흔히 생각하는 헌책방과는 많이 다르다. 오래된 공문서가 심심치 않게 발견되는 곳이라 '공공기관 밖의 아카이브'라는 별칭이 있을 정도다. 자료를 찾아보겠다는 일념과, 적절한 조건이 뒷받침되면 일본은 찾아가볼 곳이 너무도 많다.

물론 모든 자료실이 언제나 자료 공개에 협조적인 것은 아니다. 보고 싶은 자료가 무엇이냐에 따라 제한이 있을 수 있고, 최근 경색된 한일관계 탓에 분위기가 사뭇 빡빡해진 것을 느낄 때도 있다. 그래도 일제강점기 자료는 최근 자료보다는 상대적으로 덜 까다로운 편이다. 최신 이슈가 아니라고 판단해서일 것이다. 예를 들어 1965년 한일수교 당시 작성된 외무성 자료를 공개 신청할 경우, 신청한 대로 다 공개하지 않고 민감한 대목은 까맣게 먹칠을 해서 주기도 한다. 독도 문제와 같은 외교적 이슈나 특정 정치인의 발언처럼 파장이 우려되는 부분들이 그렇게 처리된다. 일제강점기 자료는 그런 식의 부분 공개가 많지 않다.

따라서 일제강점기 밀정을 추적한다고 하면 일본 측이 과연 자료를 공개할까를 걱정하기보다는 한정된 시간과 예산, 인력을 어떻게 영리하게 배분해 자료를 효과적으로 입수할 것인가, 말하자면 '집중과 선택'을 어떻게 할 것인가를 고민하는 게 더욱 핵심이다. 학계의 연구든 언론사의 취재든 마찬가지다.

밀정 추적의 경우 크게 세 곳의 자료실을 꼽아볼 수 있다.

첫 번째, 일본 방위성 산하 방위연구소다. 앞서 살펴본 '상하이 임시정부 초기 사진'도 여기에서 나왔다. 군 관련 자료가 모인 곳이다. 군도 수많은 밀정을 부린 주체 중 하나였다. 임시정부 단체사진도 군이 고용한 밀정이 입수해 상부에 올린 것이었다.

두 번째, 일본 외무성 산하 외교사료관이다. 외무성이 작성한 방대한 기록이 소장돼 있다. 각지에 파견된 영사관에서 올려 보낸 기밀문서가 많다. 미리 허가를 받으면 자료 열람뿐 아니라 촬영도 가능하다. 오랫동안 국내외 많은 연구자들을 상대해서 그런지 방위연구소보다 훨씬 더 부드럽고 협조적이다.

세 번째, 일본 국회도서관이다. 각종 공문서뿐 아니라 개인끼리 오간 서신도 다량 보관 중이라 관료가 생산한 공문서에서는 볼 수 없는 사건 이면의 실체를 파악할 수 있다.

일단 이렇게 세 곳을 중심으로 밀정 추적을 시작해볼 수 있는데, 먼저 하나의 사례를 보고 넘어가자.

흥경현興京縣 내 조선인 소요 상황에 관한 건(1919년 4월 3일)[1]

이전에 파견한 밀정의 정보에 따르면 […] 조선인들은 4월 1일 홍묘자紅廟子에 모여 대한 독립을 자축하고 통화현通化縣, 류허현柳河縣 방면에서 온 조선인들과 합류해 시위운동을 시작했습니다. 신빈보新賓堡를 습격하자는 내용의 통지서를 각 지역에 발송했다는 보고를 확보했습니다. 해당 지역에 밀정 두 명을 파견해서 정찰을 시킨 바에 따르면 촌락 7곳에서 17세 이상 60세 이하 남녀 약 천 명이 김철배의 집에 모여 한국 국기를 들고 독립 축하를 외쳤고 주요 인물이 독립 연설을 했다고 합니다.

---

1 흥경현 내 조선인 소요 상황에 관한 건(1919년 4월), 공(公) 제141호, 〈불령단관계잡건-조선인의 부-재만주의 부9〉.

밀정의 보고 내용을 토대로 작성된 보고서다. 홍경현은 당시 중국 봉천성에 있던 지역 이름이다. 홍경현에 거주 중인 조선인들이 3·1운동 직후인 1919년 4월에 어떤 동향을 보이고 있는가를 밀정을 동원해 탐문해서 보고한 것이다. 이 보고서를 작성한 사람은 일본인 순사다. 보고서는 경찰서장과 봉천 총영사를 거쳐 일본 외무대신에게까지 올라갔다. 매우 구체적인 정보다. 조선인들이 어디에서 왔고 얼마나 모였으며 누구 집에서 모였는지 등이 모두 적혀 있다. 이런 수준의 정보를 수집하려면 고용된 밀정은 조선인이어야 한다.

이 문건이 삽입된 자료는 일본 외교사료관에 보관된 〈불령단관계잡건不逞團關係雜件〉이다. '불령단과 관계된 잡다한 모든 것' 정도로 번역된다. 불령단은 '불량한 무리'라는 뜻이다. 일제 입장에서 반항적이고 범법 행위를 일삼는 자들이라는 매우 부정적인 의미가 담긴 말이다. 반대로 우리 입장에서 보면 직간접적으로 독립운동에 뛰어든 사람들을 뜻한다.

〈불령단관계잡건〉은 취재진이 가장 주목한 문서철 가운데 하나다. 시베리아, 만주, 미국, 간도, 상하이 등 지역별로 구분돼 있는데 '불령한 무리들'이 어떻게 활동했는지가 소상히 적힌 기밀문서들을 모아놓은 것이다. 상당수가 밀정들의 첩보를 토대로 한 보고서다. "우리 밀정의 정보에 따르면…"이라는 표현으로 시작하는 문건이 정말 많다. 민족을 배신하고 암약한 조선인 밀정이 이토록 많았다

일본 외교사료관에 보관되어 있는 〈불령단관계잡건〉의 표지.
당시 독립운동을 하던 우리 선조들의 기록 상당량이 이 문서철에 담겨 있다.

는 것을 눈으로 확인하는 것은 씁쓸한 일이지만, 밀정의 밀고 덕분에(?) 당시 독립운동 내막을 소상히 파악할 수 있다는 역설이 발생하는 것도 사실이다. 항일운동을 가장 자세히 서술한 자가 다름 아닌 밀정일 수 있다는, 웃지 못할 우스개를 실감하게 되는 것이다.

　자료는 매우 방대하다. 〈불령단관계잡건〉 하나만도 전체 분량이 10만 쪽에 가깝다. 다 들여다보는 것은 현실적으로 불가능하다. 주제별 또는 소재별로 접근한 뒤 집중, 선택, 발췌가 필요하다. 여기저기 흩어져 있는 조각난 자료들 가운데 어떤 것을 더 많이 부각하고 어떤 것을 배제할지를 결정하는 문제는 취재 기간 내내 가장 큰 고민거리 중 하나였다. 게다가 우리가 학술 논문을 쓰는 것은 아니라서 일반 대중에게 소구력이 있을 만한 내용을 중심으로 간추리고 정리하는 작업이 중요했다. 이를테면 상당수 밀정들은 이름이 등장하지 않거나 일부 이름이 확인돼도 우리가 들어보지 못한 '직업 밀정'이 대다수다. 따라서 대중에게 밀정의 심각성을 최대한 알리기 위해서는 전략적으로 두 가지를 생각하지 않을 수 없었다.

첫 번째는 독립유공자로 둔갑한 밀정 혐의자를 찾아내 고발하는 것이다. 이것은 아무도 몰랐던 감춰진 진실을 드러냄으로써, 역사 청산이 미흡했고 서훈 심사가 제대로 진행되지 못했다는 우리 현실을 다시 꼬집는 일이다. 충격적인 사실인 만큼 까다로운 작업이다. 전문가들의 분석과 논평을 받아서 신중하게 접근해야 할 사안이기도 하다.

두 번째는 이름만 들어도 아는 유명 독립운동가의 지근거리에서 암약한 밀정을 찾아내 우리가 알고 있는 독립운동가가 일제의 지독한 견제 속에서도 숭고한 독립 의지를 꺾지 않았음을 보여주는 일이다. 어두운 그림자를 통해 밝은 곳을 더욱 밝게 비추는 것이랄까. 이런 대략적 방향이 우리가 추구해야 할 목적지였다.

취재진의 밀정 추적기를 본격적으로 이야기하기 전에 먼저 한 명의 '대표 밀정'을 잠시 확인해보고 넘어가는 게 좋을 것 같다. 간략하게나마 이 사람의 활동 내용을 들여다보면 밀정의 개념이 뭔지, 또 밀정 한 사람이 독립운동 진영에 미치는 피해가 얼마나 큰지를 명료하게 느낄 수 있다.

'대표 밀정'의 이야기는 3·1운동이 일어나고 이듬해인 1920년 1월부터 시작한다.

현금을 가득 실은 수송 행렬이 길을 나섰다. 식민지 금융기관인 조선은행의 회령 지점에서 용정출장소까지 다량의 현금을 옮기는 길이었다. 회령은 두만강 인근 도시다. 북간도 용정까지는 50킬로미터 거리였다. 지금처럼 자동차로 금방 갈 수 있는 상황이 아니었다. 말을 타고 하루 종일 가야 하는 거리다. 용정출장소는 일제가 만주 대륙 침략을 목적으로 설치한 금융창구였다. 수송되는 현금도 철도 건설을 위한 돈이었다.

한인 청년들이 이 돈을 노렸다. 독립운동 자금으로 쓸 요량이었다. 현금 수송 행렬이 경찰을 포함해 모두 여섯 명이었으니 열혈 청년들 입장에선 해볼 만한 시도였다. 현금이 목적지에 거의 다다랐을 무렵 총격전이 벌어졌다. 현금 호송대원 두 명이 숨졌고, 청년들은 돈을 탈취하는 데 성공했다. 주역은 임국정, 윤준희, 한상호, 최봉설 등 비밀결사 단체 '철혈광복단' 단원들이었다.

단원들 손에 들어온 돈은 자그마치 15만 원이었다. 현재 가치로 100억 원 이상으로 추정된다. 단원들은 독립군을 무장하는 데 이 돈을 쓰고자 했다. 15만 원을 전부 무기 구입에 쓴다고 하면 수천 명을 총기로 무장시킬 수 있었다. 당시 김좌진이 이끌던 북로군정서 소속 대원들이 대략 500명 안팎으로 알려져 있었으니 무기 규

간도 15만 원 사건의 주역 최봉설(왼쪽)과 임국정(오른쪽).
임국정은 일제에 체포돼 이듬해 서대문형무소에서 순국했고, 가까스로 탈출한
최봉설은 해방 후 이 사건에 대한 회고록을 남겨 엄인섭의 실체를 알렸다.
출처: 독립기념관

모로만 따지면 독립군 부대를 몇 개나 더 만들 수 있는 수준이었다. 이들은 러시아 블라디보스토크로 넘어가 한인촌에 은밀히 몸을 숨기고 무기 거래를 할 만한 통로를 다각도로 물색했다. 완전히 마음을 놓을 순 없지만 그래도 사건 현장에서 멀리 벗어났기에 성공이 얼마 안 남았다고 여겼다. 긴장과 설렘이 교차했다.

그러나 일제도 만만찮았다. 철혈광복단 단원들이 어떻게 현금 수송 정보를 사전에 알 수 있었을까. 조선은행 내부에 첩자가 있다고 판단했다. 조선은행에 근무하던 한인 사무원을 정보 유출자로 지목했고 한인 학생들을 가르치는 반일 성향의 학교를 중심으로 탐문 수사를 벌였다. 강압과 폭행, 고문이 '자연스럽게' 잇따랐다. 그리하여 15만 원을 탈취한 것으로 의심되는 유력한 용의자들을 특정했고, 그들이 블라디보스토크에서 무기 구매를 시도하고 있다는 사실까지 속속들이 파악했다.

1920년 1월 31일 일제의 체포 작전이 시작됐다. 새벽에 은신처를 급습했다. 15만 원 탈취 사건이 발생한 게 1월 4일이었으니 한 달도 채 안 된 시점이었다. 체포 과정에서 가까스로 도주한 최봉설을 제외하고 나머지 세 명을 몽땅 붙잡았다. 현금도 되찾을 수 있었다. 단원들이 흩어져 있지 않고 한곳에 모여 있던 게 일본 입장에선 다행이었고 단원들 입장에선 화근이었다.

붙잡힌 임국정, 윤준희, 한상호에게는 혹독한 고문이 기다리고 있었고, 사건 발생 1년 7개월 뒤인 1921년 8월 서대문형무소에서 사형이 집행됐다. 이들에게 현금 수송 정보를 은밀히 알려준 조선은행 사무원 전홍섭은 징역 15년형에 처해졌다. 항일독립군에게 막강한 화력을 제공해주겠다며 거사를 감행했던 용감한 젊은이들의 구상은 이렇게 막을 내렸다.

그런데 일본은 어떻게 블라디보스토크로 숨어든 이들의 행적을 정확히 파악하고 이른 새벽 체포 작전에 성공할 수 있었을까? 밀정이 있었다. 일제가 고용한 밀정이 한두 명이 아니었으니 '그랬겠지' 하고 넘어갈 수도 있지만 그 정체를 알고 나서는 가볍게 넘길 수 없다. 밀정은 엄인섭嚴仁燮이었다.

엄인섭은 누구인가? 연해주 지역에서 활약한 대표적인 의병장 가운데 한 명이다. 1907년부터 반일 의병운동에 적극 가담한 그는 최재형, 홍범도, 이범윤과 긴밀했고, 안중근 의사와도 가장 가까운 동지였다. 안중근은 하얼빈에서 이토 히로부미를 저격하고 뤼순 감옥에서 심문받을 때, 블라디보스토크에서 생활할 당시 엄인섭과 가장 친하게 지냈다고 진술한 바 있다. 일부 기록에 따르면 1908년 안중근이 항일을 다짐하며 손가락을 끊었던 그 유명한 '단지동맹'을 할 당시, 엄인섭도 여기에 동참한 사람 중 하나라고 전해지기도 한다.

간도 15만 원 탈취 사건의 거사 주인공들 중 일부가 엄인섭에게 사건 전말을 털어놓는 것을 잠시 불안해한 것은 사실이지만, 연

의병활동을 하던 시절의 엄인섭(왼쪽)과 홍범도 장군(오른쪽).
이 사진은 엄인섭이 대표적인 의병장으로 활약했음을 보여준다.
출처: 국사편찬위원회 우리역사넷

해주 지역을 대표하는 의병장 출신인 그를 밀정으로 의심하는 것
은 불가능했다. 무기를 구입하기 위해 그들은 러시아 쪽에 발이 넓
은 엄인섭에게 도움을 요청했고, 은신처를 포함한 모든 정보가 엄
인섭의 입을 통해 일제에 고스란히 넘어가는 것은 시간문제였다.

간도 15만 원 거사가 수포로 돌아간 뒤 한인 사회에도 엄인섭
이 일제 밀정이라는 이야기가 퍼지게 됐고, 이후 그의 행보는 수면

아래로 들어간다. 그런데 이렇게 구두와 회고담으로만 전해지던 그의 밀정 혐의가 결정적 물증으로 뒷받침된 것은 비교적 최근인 2000년대 들어서다. 국사편찬위원회가 수집한 일본 문서 가운데 그가 언급된 내용이 잇따라 명확히 드러나면서 독립운동가로 위장한 밀정의 정체가 문서로도 확인되었다.

발굴된 사료에 따르면 엄인섭은 오래전부터 밀정이었다. 1908년 11월 일본영사관에 직접 출두해 자신을 밀정으로 고용해달라고 요청했다. 아마도 돈 문제가 결정적이었을 것이다. 당시 밀정의 월급은 50엔 정도로 웬만한 순사보다 벌이가 좋았다. 엄인섭 정도의 거물급 인물이라면 50엔보다 더 받았을 가능성이 높고, 특정 사건을 해결하면 성과급으로 더 받기도 했을 것이다.

밀정으로 변신한 그의 활약은 눈부셨다. 간도 15만 원 탈취 사건뿐만이 아니었다. 한일병탄 이듬해인 1911년 연해주 지역에서 반일 성향의 신문 《대양보》가 창간되었다. 신채호가 주필이었던 《대양보》는 러시아 정부의 승인을 받고 블라디보스토크에서 합법적으로 간행된 신문이었는데 반일 논조가 매우 강해서 일본의 표적이 되었다. 그러나 제아무리 동아시아 패권 국가 일본이라지만 남의 나라 땅에서 물리력을 행사하는 것은 쉽지 않았고 합법적 신문 간행을 막을 뾰족한 수가 없었다. 일제의 고민을 해결해주려고 밀정 엄인섭이 나섰다. 《대양보》한글 활자 1만 5천 개를 몰래 훔쳐 빼돌렸다. 90킬로그램이 넘는 육중한 무게였다. 활자를 도둑맞은 신문사는 더 이상 신문을 발행할 수 없었고, 《대양보》는 결국 문을 닫고야 말았다. 일본의 기획대로 된 것이다.

밀정 엄인섭의 배후에는 그를 부리고 관리한 일본인이 있었다. 기토 가쓰미木藤克己. 블라디보스토크에 있는 일본총영사관에 소속된 통역관이었다. 말이 통역관이지 조선총독부 고등경찰 출신이었다. 비유하자면 이런 표현이 가능할까. 연해주 한인 밀정의 대부 또는 밀정의 공장장. 엄인섭뿐만 아니라 수많은 한인 밀정을 고용하면서 항일운동 동향을 감시·보고하고 그 싹을 자르기 위해 과감하게 행동했다. 《대양보》 활자 절도 사건을 지시한 것도 그였고, 15만 원 거사 주인공들의 은신처를 보고받은 것도 그였다. 엄인섭은 기토에게 의병장 홍범도를 잡아보자고 제안하기도 했다.

블라디보스토크 지방 조선인 동정(1911년 5월 24일)[2]

기토 통역관이 사용 중인 밀정 엄인섭은 얼마 전 홍범도 체포 계획을 제안했습니다. 치타시에 체류 중인 김모 씨가 서한을 보낸 것처럼 위조해서 홍범도에게 보내고 홍범도 혼자서 행동하지 않을 때에는 이 지역에 머물고 있는 최병규와 김경무 두 사람을 동행시켜서 동청철도를 이용해 하얼빈으로 유인한다는 것입니다. 거기에서 우리 손으로 체포하자고 제안했다고 합니다.

2   블라디보스토크 지방 조선인 동정에 관한 건(1911년 5월), 경비첩(警秘牒) 174호, 〈불령단관계잡건-조선인의 부-재시베리아 2〉.

홍범도, 이범윤의 동향에 대해서는 엄인섭과 다른 밀정을 시켜
세세히 감시하고 있다.

'만주벌 호랑이' 홍범도를 노린 일제의 공작이 어디 이뿐이겠
는가마는, 어찌됐건 홍범도가 유인책에 걸려들지 않아 다행이었지
만약 기토와 엄인섭이 놓은 덫에 걸려들었다면 1920년 봉오동 전
투의 승전은 우리 역사에서 없었을지도 모른다.

밀정의 대부이자 공장장인 기토 가쓰미의 악랄함은 연해주 한
인들에게 공포의 대상이자 증오의 대상이었다. 우리가 임시정부의
대표자로 김구를 떠올리듯이 연해주 항일운동의 대표자로는 최재
형 선생(1962년 건국훈장 독립장)을 떠올릴 수 있다. 그런 그가 1920
년 4월 일본군에게 황망히 총살당했을 때 선생의 딸은 다음과 같은
일기를 남겼다.

오호, 너 악마 기토여. 악인 기토여. 왜 너는 우리 아버지를 죽
였는가. 왜 너는 죄 없는 한인을 파멸시키는가. 어떤 경우에도
너를 용서할 수 없다. [⋯] 사랑하는 우리 아버지를 영원히 기념
하리라. 사랑하는 아버지의 원수를 갚는 것을 잊지 않으리라.[3]

'밀정의 대표주자' 엄인섭의 최후에 대해서는 명확하게 알려진
바가 없다. 다만 15만 원 거사에 참여했다가 체포 당시 가까스로 도
주한 최봉설 선생(1990년 건국훈장 독립장)이 해방 이후 남긴 회고록

3   조선인의 행동에 관한 건(1921년 7월), 기밀(機密) 제49호, 〈불령단관계잡건-조
     선인의 부-재시베리아 12〉.

에 다음과 같은 대목이 나온다. 읽기 쉽게 문장을 일부 수정해서 옮긴다.

엄인섭은 일본이 철수할 때 함께 경흥慶興으로 왔는데 일본 말도 모르고 글도 모르기에 밀정에서도 물러나게 되어 중국 훈춘으로 왔다. 훈춘에는 애국지사들이 많아서 도시와 농촌까지 간도 15만 원 사건의 일본 밀정 놈이라는 욕설에 갈 곳이 없어졌다. 엄인섭은 1936년 여름 훈춘에서 피를 토하고 죽었다.[4]

물론 이는 최봉설 선생이 직접 확인했다기보다는 전해 들은 이야기를 옮겨 쓴 것으로 보인다. 따라서 실제 엄인섭의 최후가 어떠했는지는 확인할 길이 없다. 이 말이 사실이라면 그는 일본어에 능숙하지 않아서 결국 활용도가 떨어지는 난감한 상황에 봉착했고, 한인 사회에서도 밀정이라고 손가락질 받다가 쓸쓸히 최후를 맞았다는 사연이다. 러시아 연해주에서 주로 활동했던 엄인섭은 한국어와 러시아어에는 능했지만 일본어는 그렇지 않았던 모양이다. '통역관' 기토와 소통할 때도 주로 한국어와 러시아어를 사용했으리라는 짐작이 가능하다. 물론 최봉설 선생이 전해 들었다는 이야기가 맞다면 말이다.

밀정은 단지 '민족을 배신한 괘씸한 사람들' 정도로만 그치는 게 아니다. 일제의 한반도 지배에 끊임없는 생명력을 불어넣어 그

---

4   간도 15만 원 사건에 대한 40주년을 맞으면서(최봉설, 1959년 1월), 〈독립군의 수기-러시아편 2〉(국가보훈처, 1995).

수명을 연장시켜주는 존재였다. 전문가들은 밀정을 '실핏줄' 같은 존재라고 설명하기도 한다. 가장 높게는 일왕에서부터 시작하는 일본의 피라미드식 지휘 체계에서 밀정은 가장 아래 단계에서 실핏줄처럼 곳곳에 뻗어나가 작동한다. 일본 제국주의를 가장 말단에서 떠받치면서, 거기에서 하나하나 끌어 모은 정보들을 충실히 윗선에 보고했던 존재들이다. 이들의 암약 속에 거사 계획은 실패하고 독립운동가들은 체포되었으며 독립군은 절명의 위기에 처했다. 우리는 1년여 동안의 추적 과정에서 895명의 밀정 혐의자를 찾아내 다큐멘터리에서 그 실명을 모두 공개했다. 하지만 당연하게도, 이들은 '빙산의 일각'일 뿐이다.

KBS 탐사보도부는 일본과 중국 기밀문서에서
밀정 혐의가 드러난 895명의 이름을 확인했다

강경관	강명화	계터린	권봉수	김경호	김ㄱ전	김남길	김탁림	김두천	김명준	김병수	김봉선	김상쉬
강금철	강용반	계승호	기병언	김검의	김기암	김대범	김노순	김례봉	김문근	김병옥	김봉성	김상봐
강농닥	강준수	고병견	김규병	김응엽	김기욱	김달문	김도병	김리구	김문워	김병우	김봉수	김상빈
강라원	강진한	고병매	김상립	김한엽	김기조	김낙준	김동대	김반수	김문호	김병헌	김봉순	김상현
강문백	강상호	고성오	김경린	김 광	김기순	김달하	김능델	김명균	김민구	김병호	김봉재	김생려
강문명	강덕규	고성환	김경푸	김관근	김기중	김대원	김동수	김병열	김빈용	김병의	김봉호	김서방
김병정	강빈경	고성환	김경신	김광준	김기형	김대병	김능안	김병복	김병바	김보번	김봉할	김석봉
강뭉현	강한방	고문학	김강신	김관주	김기홍	김너기	김동환	김병언	김병긴	김 묵	김사훈	김식중
강석호	강안수	고진하	김경변	김군빅	김긴준	김탁상	김능귀	김명진	김병규	김봉국	김상물	김석원
강신상	강해범	과붕산	김경준	김규등	김길춘	김더상	김동춘	김병심	김병수	김봉래	김상범	김석홍

취재진은 1년 동안의 추적을 통해 찾아낸 밀정 혐의자 895명의 이름을 공개했다.
일본과 중국 등의 문서에 밀정 혐의가 기록된 인물들을 추려 가나다순으로 정리했다.
전체 명단은 에필로그 뒤에 실었다.

4장

안중근의 동지,
그가 걸어간

'다른 길'

이런 표현이 적절할지 모르겠다. 안중근 의사는 어쩌면 행복한 사람이다. 순국 110년이 지난 지금도 한국인들은 그를 '영웅'의 맨 앞자리로 호명한다. 앞으로도 그럴 것이다. 당연하게도 그의 거사는 그런 평가를 받기에 조금도 어색하지 않다. 그런데 목숨을 던진 독립운동가가 한두 명이 아니었다는 점을 생각해보면, 우리의 '기억의 농도' 또는 '호출의 빈도'라는 측면에서 안중근은 가장 주목받는 선열이 아닐까 하는 객쩍은 생각도 한편으론 드는 것이다.

물론 그가 거사를 결심했을 때 먼 훗날 사람들이 얼마나 자신을 영웅으로 기억해줄지가 판단 기준이었을 리는 만무하다. 그때 그에게 하얼빈에서의 저격은 피할 수 없는 운명의 길 같은 것이었다. 그러나 자신의 행위가 한반도 역사에 어떤 순기능을 할지 전혀 고려하지 않고선 그런 결단을 내릴 수 없었을 거라는 점에서, 다시 말해 그의 결단이 모종의 역사의식을 동반하지 않았을 리 없었다는 점에서, 지금 우리가 그에게 보내는 상찬과 박수는 그가 개인적 차원이 아닌 역사적 차원에서 간절히 바라던 것이었을지도 모른다. 그런 맥락에서 그는 행복한 선열이다.

그의 일생은 뭐랄까, 드라마틱한 서사를 갖고 있다고 해야 할 것 같다. 한국 사람들이 그에게 매혹되는 이유도 여기에 있다. 일본 제국주의의 상징과도 같은 사람을 처단했다는 거사의 스케일부터, 하얼빈역에서 맞은 결정적 순간에 보여준 과단성, 형장에서 순국할 때까지 그가 보여준 언행에서 포착되는 평화주의자로서의 품격과 철학, 그런 일관된 모습에 감명을 받아 존경심을 품게 됐다는 일본 간수의 사연, 그리고 빠질 수 없는 또 다른 이야기, 재판부에 항소하는 것은 일본에 목숨을 구걸하는 것과 다를 바 없으니 당당하게 죽음을 맞으라고 편지를 보낸 어머니까지. 한 편의 울림 깊은 서사가 여기에 있는 것이다. 영화와 소설, 뮤지컬로 그가 꾸준히 되살아나는 것은 그래서 자연스럽다.

하얼빈역 안중근 의사 기념관과 기념관 내부.

거사의 현장, 중국 하얼빈역에는 안중근 의사 기념관이 마련 돼 있다. 일본 제국주의에 대해서는 우리와 관점이 비슷할 수밖에 없는 중국 입장에서도 안중근은 높은 평가를 받을 만한 인물이다. 한국인 관광객이 상하이에 가면 임시정부 사무실을 필수 코스처럼 들르듯, 하얼빈 얼음 축제를 찾는 한국인들이 꼭 한 번씩 들르는 곳 이 안중근 기념관이다.

기념관 맨 안쪽으로 들어가면 유리창 너머로 하얼빈역 플랫 폼이 내려다보인다. 플랫폼 바닥 두 곳에 표시가 있다. 하나는 안 중근이 총을 격발한 자리, 다른 한쪽은 이토 히로부미가 쓰러진 자 리다.

물론 1909년 그때와 지금의 하얼빈역의 구조가 똑같다고 보 기는 힘들고, 두 사람이 있었던 자리를 지금 시점에서 정확히 특정 하기도 쉽지 않기 때문에 '대략적인 위치' 정도로만 받아들여야 할 것이다. 당연한 말이지만 정확한 위치든 대략적 위치든 그건 본질 이 아니다. 1909년 10월 26일 오전 안중근은 바로 이곳 하얼빈역

하얼빈역 플랫폼에는 안중근 의사가 이토를 저격한 자리(오른쪽)가 표시되어 있다.

플랫폼에서 주저 없이 총을 쏘았고, 일본 제국주의의 심장으로 평가받는 이토는 동아시아 평화를 꿈꾸던 한 청년에게 엄중한 심판을 받았다. 그게 본질이다.

안중근에게는 동지가 있었다. 마지막 격발의 순간에는 혼자서 결단하고 감행했지만, 세 명의 동지가 함께 거사를 준비했다. 우덕순, 조도선, 유동하가 그들이다. 역할 분담이 있었다. 안중근은 하얼빈역을 맡고, 우덕순과 조도선은 차이자거우역蔡家溝驛을 맡았다. 유동하는 중간 연락책과 통역을 맡았다. 이토가 어디서 내릴지, 어느 역에서 거사를 치르는 게 수월할지를 사전에 확정하기 힘들었기 때문이다. 만약 하얼빈역이 아닌 차이자거우역에서 거사가 이루어졌다면 지금 우리가 마련해놓은 영웅의 맨 앞자리에는 안중근이 아닌 다른 사람이 앉았을 것이다.

차이자거우역은 하얼빈역에서 기차로 한 시간 정도 걸리는 거리다. 기차를 타고 가다 보면 한국의 풍경과 달리 창밖으로 산이 거의 보이지 않는다. '드넓은 만주 벌판'이라는 게 바로 이런 모습이구나 하는 생각이 든다. 차이자거우역은 조용하고 자그마한 역이다. 1980~1990년대 한국의 지방 소도시 기차역을 떠올리면 비슷하다.

안중근이 하얼빈으로 떠나기 전 그와 동지들은 차이자거우에서 마지막 밤을 함께 보냈다. 역에 딸린 반지하 여관에서였다. 음식과 술을 팔고 숙박업도 겸했던 곳이라고 전해진다. 지금은 과거를

차이자거우역 반지하 공간. 안중근과 우덕순이 마지막 밤을 함께 보낸 곳으로 알려져 있지만 지금은 전혀 관리가 안 된 채 방치돼 있다.

연상할 만한 흔적을 찾을 수가 없다. 반지하 공간 형태는 그대로 남아 있는데 완전히 방치된 채 벽돌과 쓰레기가 어지럽게 널려 있다. 우리에게는 거사 동지들이 마지막 밤을 보낸 뜻깊은 장소이기에 안타까운 마음이 든다. 거사 장소인 하얼빈역에 안중근 의사 기념관까지는 챙겨놓을 줄 아는 중국이 자그마한 차이자거우역의 반지하 공간까지 신경을 쓰는 건 현실적으로 쉽지 않았던 것 같다. 어차피 방치된 공간으로 있을 바에야 거사 동지들을 기념하는 공간으로 꾸며도 좋을 듯한데, 이는 한국과 중국 사이에 외교적 소통이 먼저 있어야 실마리가 풀릴 것이다.

하얼빈역 플랫폼에서 이토를 저격한 뒤 안중근은 그 자리에서 '대한독립만세'를 외쳤다. 굳이 도망가지 않았다. 도망갈 생각이었다면 애초 시작할 이유도 없었다. 다시 말하지만 하얼빈 거사는 그에게 운명의 길 같은 것이었다. 피할 수 없었고, 피하지 않는 이상 그가 가야 할 마지막 행선지는 형장일 수밖에 없었다. 형장이냐 아니냐는 그에게 중요하지 않았다. 이토 히로부미를 처단하는 데 성공하느냐 실패하느냐가 중요할 뿐이었다.

안중근과 동지들은 모두 체포되었다. 안중근에게는 사형이, 다른 이들에게는 징역형이 선고됐다. 대한민국은 훗날 안중근과 우덕순, 조도선, 유동하에게 각각 건국훈장을 수여했다. 그날의 거사만을 놓고 본다면 마땅한 일이었다.

거사 동지 가운데 한 명으로 5년간 감옥 생활을 했던 우덕순. 이제 그의 이야기를 시작해보자. 거사를 앞둔 안중근이 〈장부가丈夫歌〉를 부르며 마음을 다졌을 때, 거사 동지 우덕순도 〈거사가擧事歌〉(의거가)를 지어 호응했다. 그의 마음가짐을 엿볼 수 있다.

만났도다 만났도다 원수 너를 만났도다. [...] 너를 한 번 만나려고 수륙으로 기만리를 [...] 천신만고 거듭하여 앙천하고 기도하길 [...] 갑오독립 시켜놓고 을사체약한 연후에 오늘 네가 북향할 줄 나도 역시 몰랐노라, 덕 닦으면 덕이 오고 죄 범하면 죄가 온다. 너뿐인 줄 알지 마라. 너의 동포 오천 만을 오늘부

터 시작하여 하나둘씩 보는 대로 내 손으로 죽이리라.[1]

우덕순의 행적은 감옥에서 나온 직후인 1910년대에는 잘 포착
되지 않는다. 그러다가 1920년대 들어서면 이곳저곳에서 이름이
등장한다. 그러나 유감스럽게도 우리가 예상하고 기대하는 행적이
아닌 그야말로 '이상 행적'이다. 1909년 하얼빈 거사에 동참하고 10
여 년쯤 지났을 때, 그는 뭔가 다른 사람이 되어버렸다.

보조금 하부下付 신청서[2]

본회는 외무성 도움으로 근래 사무 성적이 크게 향상되고 있습
니다. 본회의 사명을 완수하기 위하여 올해도 사무비 보조를
받고자 별지 예산서를 첨부하오니 봉원(奉願: 받들어 원함)하는
바입니다.

다이쇼 14년(1925) 4월 1일
하얼빈 조선인 회장 우덕순

안중근의 하얼빈 거사가 1909년에 있었으니 1925년이면 16년
이 지난 시점이다. 우덕순은 '하얼빈 조선인회'(조선인민회) 회장이
되어 있다. 보조금 신청서의 수신자는 일본 외무대신 시데하라 기
주로幣原喜重郎다. 우덕순이 하얼빈 조선인회에 보조금을 지급해달라

1   국가보훈처 공훈전자사료관 우덕순 공훈록(https://www.mpva.go.kr).
2   다이쇼 14년도 조선인회 보조금에 관한 건(1925년 4월), 〈조선인에 대한 시정관
     계잡건-조선인민회 편〉.

고 일본 외무성에 요청하고 있다. "근래 사무 성적이 크게 향상"되고 있다며 돈을 받아낼 명분도 이야기하고 있다. '받들어 원한다'는 극존칭을 쓰고 있다.

당연히 극존칭을 쓸 수밖에 없다. 조선인회(조선인민회/조선인거류민회)는 대표적인 친일단체로서, 만주 지역에 설립된 일본 행정체계의 말단에 있는 조직이었기 때문이다. 윗선에 올리는 보고인데다가 보조금을 달라고 요청하는 내용이므로 최대한 공손과 예절을 차려야 한다. 조선인회는 이름에서도 바로 알 수 있듯, 해당 지역에 거주하는 조선인들을 반강제적으로 가입시켜 관리 감독하는 곳이다. 1910년대부터 만주 곳곳에 차례로 지역별 조선인회가 만들어졌다. 하얼빈 조선인회는 그 가운데 하나다.

조선인회(또는 조선인민회)는 만주 지역 독립운동을 탄압하는 보조기관이자, 독립운동가와 일반 조선인들을 떼어놓을 목적으로 만들어진 조직이다. 일본 경찰이 배치된 도시 지역을 중심으로 지역별 조선인민회가 만들어졌고 지역별 민회에는 회장, 부회장, 주사와 서기, 대의원을 두었다. 조선인들을 대상으로 교육 사업이나 위생 관리 같은 통상적 업무를 수행하고 일본 행정기관의 명령을 하달하기도 했지만, 독립운동 탄압을 지원하고 만주 지역 조선인 사회의 동향을 감시했다. 이를 위해 상시적으로 정보를 수집하는 역할을 했다. 우덕순은 그런 대표적 친일단체의 하얼빈지회 회장이었다. 1909년의 결기 있는 모습과는 달라도 너무 다른 모습이다.

일본 외무성 문서를 보면, 우덕순은 하얼빈 총영사를 통해 보
조금 신청서, 세입세출 예산서, 각종 사업보고서 등을 일본 외무성
에 지속적으로 올렸다. 외무성은 성과가 좋은 민회와, 성과가 신통
치 않은 민회에 지원금을 차등 배분했다. 다음은 하얼빈 총영사가
외무대신에게 보낸 보고서 중 일부다.

1926년도 조선인회 보조금 지급에 관한 건[3]

[…] 관내 조선인회에 대하여 아래와 같이 보조금을 지급하고
자 별지에 각 보조금 신청서를 전달하는 바입니다.

하얼빈 조선인회 금 6000엔
일면파 조선인회 금 680엔
석두하자 조선인회 금 420엔
해림 조선인회 금 2400엔
수분하 조선인회 금 1000엔
[…]
소수분 조선인회는 근래 불령단의 횡행, 그리고 민회의 중심인
물이 될 만한 자가 없어 유명무실한 상태입니다. 따라서 올해
는 보조금 교부를 보류합니다.
하얼빈 조선인회는 공관 소재지에 있어서 지도 감독이 비교적

---

3   다이쇼 15년도 조선인회 보조금에 관한 건(1926년 5월), 〈조선인에 대한 시정관
     계잡건-조선인민회 편〉.

구석구석까지 미칩니다. 전년도에 비하여 보조금을 1천 엔 늘려 모범적 민회로 만들고자 독려합니다.

소수분 조선인회는 해당 지역에 '불령단의 횡행', 즉 독립운동가들이 활동을 많이 하고 시끄러우므로 교부금을 줄 수 없는데, 하얼빈 조선인회는 지도 감독이 잘되는 데다가 장차 모범적 민회를 만들기 위해 돈을 더 주자는 이야기다. 일본 입장에서 하얼빈 조선인민회는 흡족할 만한 성과를 보여주었다는 것을 알 수 있다.

우덕순은 조선인민회 간부로 활동하며 일제 특무기관과도 가깝게 지냈다. 다음은 취재진이 찾아낸 영수증이다.

수령증[4]

금 25엔
조선인 부민회장 우덕순과 특무기관원 회식 비용
위 금액을 정히 수령합니다.

1921년 6월 ○○일

하얼빈 부두구 포레와야가 37호지

북만호텔 지배인

1921년에는 회장이 아닌 부회장이었다. 호텔에서 꽤 고급스럽

---

4   조선인 부민회장 우덕순과 특무기관원 회식대 수령증(일본 방위성, 1921년 6월).

게 식사를 한 모양이다. 25엔이면 지금으로 치면 수백만 원으로 추산된다. 지금은 없어진 북만호텔은 당시 하얼빈 번화가에 자리 잡은 고급 호텔이었다. 화려한 무도회장까지 갖춘 일급 호텔이었다.

우덕순과 함께 식사를 한 사람은 특무기관원이다. 이 사람이 우덕순과의 식사 비용을 업무 비용으로 처리하기 위해 영수증을 제출한 것으로 보인다. 특무기관은 일제의 공작기관이다. 첩보 조직 가운데 가장 고차원의 작전을 수행하던 곳이다. 우리로 비유하자면 국가정보원과 국군기무사령부(현 군사안보지원사령부)가 합쳐진 형태랄까. 물론 현재와 비교하기보다는 과거 군사독재 시절의 음산한 모습을 연상해야 적절하다고 해두자.

2009년 정부가 발간한《친일반민족행위 진상규명보고서》에서는 조선인민회의 성격을 다음과 같이 규정하고 있다.

당시 조선인민회의 주된 업무는 조선인 사회에 대한 정보수집과 통제에 큰 비중이 있었다. 조선인민회는 일본영사관을 대신하여 여러 가지 조사 및 정보수집 활동에도 앞장섰다.

일제는 만주 지역에 거주하는 조선인들의 경제 상황에 대해 상세한 정보를 취득하는 한편, 이를 활용하여 대륙 침략 정책을 수립하는 데 참고하였을 것으로 보인다.

조선인민회 조직의 성장은 일제의 만주국 지배체제의 확립과 직결되었다.[5]

5   《친일반민족행위 진상규명보고서 Ⅲ-4》(친일반민족행위 진상규명위원회, 2009년 11월), 382쪽, 475~479쪽.

조선인민회가 일제의 만주 대륙 침략에서 어떤 역할을 했는지를 설명하고 있다. 1920년대 하얼빈 조선인민회 회장이었던 우덕순은 1930년대에는 치치하얼齊齊哈爾에서도 지속적으로 조선인민회 간부로 활동했던 사실이 당시 언론 보도를 통해서도 확인된다.[6]

당시 하얼빈은 만주에서 한국인들이 가장 많이 살고 있는 지역 중 하나였다. 일제는 한반도 바깥에 있는 '재외 조선인'들을 관리하고 단속하기 위해 해마다 많은 돈을 들였다.

1923년도 재외 조선인 보호 단속비 중[7]

보민회 및 민회 보조 92,472엔
기밀비 384,380엔
첩보비 369,380엔
밀정비 72,000엔
(밀정 1명 평균 월 50엔을 급여로 지급. 총 120명에 대한 1년치 금액)

기밀비, 첩보비, 밀정비에 상당히 많은 예산을 들였음을 확인할 수 있다. 흥미로운 대목은 밀정 월급이 월 50엔 정도라는 것이다. 1923년에 50엔이면 어느 정도일까. 전문가들의 말에 따르면 꽤 큰 금액이다. 당시 학교 선생님이 받는 첫 월급이 대략 45엔 정도였다. 당시 교사 월급은 다른 직업에 비해 높은 편에 속했다. 사회 엘

6 〈삼남수해의연〉,《매일신보》(1934년 8월 30일). 우덕순은 치치하얼 조선인민회 간부로서 수재의연금을 냈다.
7 다이쇼 12년도 재외 조선인 보호 단속비(1923년), 〈조선인에 대한 시정관계잡건-조선인민회편〉.

리트 계층으로 평가받으며 비교적 많은 급여를 받은 것인데, 교사 초봉보다 밀정의 월급이 더 많았던 셈이다. 하기야 수긍이 가는 부분도 있다. 밀정은 자기 정체를 독립운동 진영에 들키는 순간 보복을 당할 수 있다. 일본 제국주의를 위해 나름대로 '목숨을 건 직업'이라고 할 수 있으니 많은 급여를 받을 자격(?)이 있는지도 모르겠다.

중국 지역의 독립운동을 연구하는 김주용 원광대 한중관계연구원 교수는 취재진과의 인터뷰에서 조선인민회와 우덕순에 대해 이렇게 논평했다.

"조선인민회의 특징 중 하나는 일본영사관의 조종을 받는다는 점입니다. 예산과 인력 지원을 받습니다. 민회의 중요 업무는 조선인을 감시하는 것인데, 일반 조선인을 감시하기도 하지만 독립운동가를 감시하는 것이죠. 조선인을 조선인이 감시하고 통제하는 방법. 그러니까 이한제한, 한인으로 한인을 통제하겠다는 것입니다. 조선인민회가 활용하는 밀정들, 이 밀정들이 점조직으로 역할을 했고 우덕순이 활동한 1920년대 조선인민회 활동은 가장 극에 달했습니다. 가장 활동적이었어요. 조선인민회 회원들이나 밀정들이 수집한 정보는 다 우덕순에게 집중될 수밖에 없습니다."

사실 조선인민회가 어떤 단체인지에 대해서는 학계에서 이미 성격 규정이 끝난 상태다. 군이 일본 외무성 문서나 《친일반민족행위 진상규명보고서》를 읽지 않더라도 포털사이트에서 검색만 해도 알 수 있다.

그동안 우덕순에 대해 우호적인 내용을 담은 언론 기고문이나 칼럼을 보면, 그가 안중근 거사 이후 하얼빈이나 치치하얼에서 교육 사업과 종교 사업 등을 하다가 해방을 맞았다는 식으로 언급하는 경우가 많은데, 그런 사업이 조선인민회라는 노골적인 친일단체를 통해서 이뤄졌다는 점은 생략되고 있다. 글쓴이가 알면서도 그랬는지는 알 수 없지만 대부분은 모르고 쓰는 경우일 것이다.

일각에선 우덕순이 조선인민회 활동을 하면서도 김좌진과 교류했다는 사실 등을 거론하며 그의 이상 행적을 변호하기도 한다. 그러나 조선인민회가 명백하고도 공개적인 친일단체라는 점을 감안하면 그가 안중근 거사의 동지였던 과거와 단절하고 전혀 다른 길을 걸었다는 사실을 부정할 수 없다. 특정인과의 교류가 공개적인 친일 행보를 부인하는 근거가 될 수는 없다.

사진 촬영을 함께한 거사 동지들. 왼쪽부터 안중근, 우덕순, 유동하.

오랜 세월이 지난 지금 일반 대중은 일제의 검거망을 피해 은신처를 수시로 옮긴 김구 선생의 긴박했던 일화나, 일제 고위 간부들에게 폭탄을 투척한 윤봉길 의사의 목숨 건 거사 같은 일화를 중심으로 일제강점기 역사를 배울 수밖에 없는 게 현실이다. 그런 극적인 에피소드가 기억에 잘 남고, 서사가 또렷하기 때문이다. 이렇다 보니 친일 진영에 속한 한국인과 독립운동 진영에 속한 한국인이 우연히 마주치기라도 하면 무조건 총칼을 꺼내 서로 죽이려 드는 장면이 펼쳐질 것이라고 생각하기 쉽다. 전혀 그렇지 않다. 시기와 장소, 사람, 상황에 따라 다르고 오히려 그런 경우는 매우 적다고 할 수 있다. 조선인민회는 또렷한 친일 성격과 별개로 어찌됐건 만주 지역 조선인들을 관리하는 일종의 교민단체였다. 정보 수집이 주요 업무이지 총칼 들고 직접 독립군을 검거하거나 공격하는 조직이 아니다. 조선인민회 회장이 조선인들과 교류하는 것은 일견 자연스러운 일이고, 게다가 우덕순은 김좌진과 예전부터 알고 지내던 사이였다. 김좌진과의 부분적 교류가 조선인민회 지회장이라는 명확한 직함과 역할을 달리 설명할 근거가 되진 못한다.

우덕순은 조선인민회에 억지로 가입한 일개 회원이 아니라 지회장을 맡았던 사람이다. 잠시 형식적으로 활동하다 그만둔 게 아니라 확인된 행적만 보더라도 1920년대부터 1930년대까지 지속적으로 활동했다. 소극적 저항은커녕 적극적 참여라고 봐야 한다. 다만 일제가 우덕순을 적극 활용하려 했을 가능성은 있다. 안중근의 동지였다는 명망을 십분 활용해서, 거사에 참여했던 그조차도 이제는 일본 제국주의에 충실히 복무하고 있다는 것을 최대한 선전하고 싶었을 것이다. 우덕순은 그런 압박을 못 이겨냈을지 모른다.

그렇다면 여기서 두 가지 질문이 떠오른다. 첫째, 우덕순은 밀정인가 아니면 친일파인가? 둘째, 우덕순은 어떻게 건국훈장을 받을 수 있었는가?

첫 번째 질문부터 따져보자. 조선인민회 지회장을 지낼 정도라면 당연히 그 활동이 주변에 노출될 수밖에 없다. 공적인 자리이기 때문이다. 우리가 '밀정'을 이야기할 때 가장 먼저 거론하는 특징은 '정체를 드러내지 않고 숨긴다는 것'이다. 남몰래 정보를 캐서 일본에 넘긴다는 것. 그게 밀정과 친일파의 차이라면 차이다. 우덕순이 그렇게 공개적인 활동을 했다면 '밀정'으로 명명하는 것보다는 '친일'로 설명하는 게 더 적확할지도 모른다.

그러나 조선인민회는 정보 수집의 성격을 매우 강하게 갖고 있었고 그때의 정보라 함은 독립운동 진영, 그러니까 일본이 '불령선인'이라고 부르던 독립운동가들의 정보가 중요했다. 정보를 세밀하게 모으기 위해서는 한국인 밀정의 활용이 필수적이었다. 그들이 모아온 정보는 조선인민회 지회장이던 우덕순에게 보고됐고, 그는 이것을 정리해 일본 측에 보고했을 것이다. 우덕순 자신은 조선인민회 지회장으로서 공개적인 행보를 보였을지라도, 다른 한편으로는 은밀하게 활동하는 밀정들을 관리 감독한 간부였다고 평가할 수 있다. 말하자면 '협의의 밀정'이 아닌 '광의의 밀정'이라고 할 수 있지 않을까.

두 번째 질문. 그렇게 공개적인 행보를 했던 우덕순이 어떻게 건국훈장을 받을 수 있었을까? 이 질문은 사실 허망한 감이 없지 않다. 우리나라 서훈 심사의 부실함과 부정확성, 비일관성, 불공정성은 어제 오늘의 이야기가 아니다. 그동안 학계와 언론에서 많은 지적들이 있어왔다. 훈장을 받은 이들 가운데 친일 논란이 있는 사람들이 있는 반면, 누가 봐도 명백한 독립운동가인데도 사회주의 계열이라는 이유 또는 해방 이후 월북했다는 이유로 훈장을 받지 못하는 현실에 대한 문제 제기가 오래전부터 있어왔다.

국가보훈처는 2019년 임시정부 수립 100주년을 맞아, 훈장을 받은 독립유공자들이 명확한 근거를 갖추고 있는지 전수 조사해 그 결과를 발표하겠다고 했다. 과거 서훈 심사가 부실했다는 비판을 일정 부분 수용하면서 나름대로 내놓은 개선책이었다. 그러나 당초 계획과 달리 별다른 설명도 없이 차일피일 조사를 미루었고, 지금은 언제 최종 결과가 발표될지 기약이 없는 상태다. 이렇게 늦어질 것이었다면 100주년 기념으로 그런 거대한 프로젝트를 발표할 거라고 미리 광고하지 말았어야 했다. 혹시 국가보훈처가 100주년을 맞아 특별한 성과를 내놓아야 한다는 일종의 강박이나 눈치 보기 차원이었다면 더욱 문제다.

우덕순은 광복 이후 회고록을 남겼다. 30쪽 분량의 짤막한 회고록인데 안중근 거사에 동참했던 이야기가 대부분이다. 그런데 거사 이후의 시기, 그러니까 감옥 생활을 하고 나서 해방을 맞기까지 30년 동안의 이야기는 없다. 왜 없을까. 만약 그가 수감 생활을 마친 뒤에도 적극적으로 항일운동을 이어갔다면 자신의 행적을 또렷하게 드러내고 싶어 했을 텐데 말이다. 우덕순으로선 해방 공간의 동포들에게 자신의 조선인민회 활동을 설명할 길이 없었을 것이다.

취재진은 원로 역사학자 C를 만나 이에 대한 자세한 이야기를 들을 수 있었다. C는 격동의 해방정국과 한국전쟁, 한일수교, 박정희 집권기와 이른바 '3김 시대'를 모두 겪었고 우리 현대사의 굵직한 장면들에 직접 개입하기도 했던 인물이다. 그는 정식 인터뷰를 고사했지만 우덕순을 '밀정'이라고 단언했다. 물론 그가 말하는 밀정은 아까도 이야기했듯 좁은 의미의 밀정이라기보다는 넓은 의미의 밀정으로 이해해야 할 것이다.

C가 들려준 에피소드 하나. 해방 이후 대한민국에선 안중근 의사 추모 행사가 마련됐다. 그런데 1946년 3월 안중근 추도회의 집행위원장 격이 우덕순이었다. 이 때문에 사람들의 지탄이 잇따랐다고 한다. 친일 행적이 있는데 어떻게 안중근 추도회를 맡을 자격이 있느냐는 지적이었다. 그 이듬해부터 우덕순은 안중근 추도회에 모습을 드러내지 않았다고 한다. 스스로도 불편한 자리였을 것이다. 우덕순은 한국전쟁 때 숨진 것으로 알려져 있다.

하얼빈 거사의 영웅 안중근은 삶을 마감하는 순간까지 일본 제국주의의 팽창을 우려하고 동아시아의 평화를 역설했다. 안중근은 어쩌면, 아니 당연하게도, 자신이 떠나고 난 뒤 거사 동지들이 얼마나 혹독한 징역살이를 하게 될지 걱정했을 것이다. 훗날 그 동지들 가운데 누군가는 서로 다짐했던 약속과는 너무도 동떨어진 삶을 살아갈 것이라고는 미처 짐작하지 못한 채 말이다.

거사 5개월 뒤인 1910년 3월 26일에 안중근은 뤼순 감옥에서 순국했다. 서울 용산구 효창공원에는 안중근 의사의 묘가 있다. 그러나 유해가 없는 가묘假墓다. 우리는 아직 영웅의 유해를 찾지 못했다.

서울 효창공원에 있는 안중근 의사 가묘.
출처: 현대사디지털아카이브

5장

김좌진
최측근이
밀고한
'배신의 기록'

그는 김좌진 장군의 막빈幕賓, 그러니까 비서이자 참모였다. 그 자신
도 청산리 전투에 참가했다. 일본군을 상대로 빛나는 승전을 거뒀
다. 대한민국도 마땅히 그를 인정했다. 1963년 건국훈장 독립장이
수여됐다.

    그는 전장에서 일기를 남기기도 했다. 1920년 청산리 전투가
있기 직전, 자신이 몸담고 있던 독립군 부대 북로군정서의 내부 상
황을 적었다. 〈진중일지〉 또는 〈사령부일지〉로 불린다. 당시 우리 독
립군 내부 상황을 가늠해볼 수 있는 귀중한 사료다. 현재《독립운동
사 자료집》(1976)에도 수록돼 있다. 그는 문학적 재능도 있었던 것
으로 보인다. 한시漢詩를 남기기도 했다.

나뭇닢 떨어져
산 모습 조용한데
하늘은 높고
달빛 더욱 밝구나.
장사의 마음속엔
일만 말이 달리는데
날 새길 기다리자니
밤이 이리 길구나.[1]

여러 가지 정서가 느껴지는 시다. 조국에 대한 그리움도 보이고 고독감도 읽힌다. 그러나 그의 이름은 1924년 일본 외무성이 작성한 극비 문서에도 등장한다. 1924년이면 청산리 전투가 있고 4년

취재진이 발굴한 일본 기밀문서. 이정의 이름이 등장한다.

---

1   《독립운동사 제5권: 독립군전투사 상》(국가보훈처, 1974), 387쪽.

김좌진 장군의 고향인 충남 홍성에 있는 생가와 기념관

취재진과 기념관 문화해설사가 이야기를 나누는 모습

뒤다. 안타깝게도 그사이 그는 다른 사람이 되었다. 독립군 참모에서 일제의 밀정으로 탈바꿈했다. 그의 이름은 이정^{李楨}이다.

2019년은 3·1운동과 대한민국 임시정부 수립 100주년을 맞는 해이고, 2020년은 청산리 전투와 봉오동 전투가 100주년을 맞는 해다. 항일무장운동에서 우뚝 솟은 두 개의 봉우리와도 같은 두 전투의 중심에는 '만주벌 호랑이'라고 불리던 두 명의 장군이 있었다. 김좌진과 홍범도다. 물론 승전의 요인을 몇몇 유명인들에게서만 찾는 것은 사실에도 맞지 않고 편협한 역사 인식일 테지만, 그렇다고 두 '호랑이'를 빼놓고 무장투쟁의 승전을 이야기할 수 없는 것 또한 사실이다.

김좌진 장군이 태어난 충남 홍성에 김좌진 기념관이 있다. 생가를 재연해놓았고 그의 공적을 기리는 자료관을 비교적 잘 갖추고 있다. 기념관 전체 규모가 꽤 큰 편이어서 기념관 곳곳을 천천히 걷다 보면 시원스럽고 쾌적한 느낌이 든다. 그래서인지 충남을 찾는 관광객들이 한 번씩 들렀다 가는 코스가 되었다.

김좌진의 대략적인 일대기야 포털사이트에서도 쉽게 검색이 되지만, 그의 성격이라든가 개인에 대한 소소한 정보는 잘 전해지지 않는다. 얼굴 모습도 그렇다. 이를테면 우리가 김좌진 하면 떠올리는 얼굴, 즉 멋진 콧수염과 함께 근엄한 표정을 지은 장군의 모습은 사실상 유일하게 전해져 내려오는 사진이다.

그런데 일본 기밀문서 속에 등장하는 김좌진을 보자. 일제는 다음과 같이 설명하고 있다.

현 대한독립군단 총사령관 김좌진은 [⋯] 호는 백야白冶로 36세다. [⋯] 어린 시절 집에서 한문을 공부했고 1919년 3월 조선소요사건(3·1운동-인용자) 후 홀로 군사학을 연구했으며 수학은 대수代數까지, 일반 법률학에도 정통하다. 만국의 지리, 역사 및 각국 역대 위인에도 정통하다. 그 밖에 물리, 화학 등에서 보통 학식을 가지고 있다. 글재주는 없으나 시문에 능하다. 일본어가 통하며 중국어는 일상 회화가 가능하다.

검도, 유도, 승마, 권총 사격에 능하다. 근력과 악력은 다른 사람보다 뛰어나며 뜀뛰기를 잘하고 총명함이 출중하다. 좌담에 능하며 해학은 타의 추종을 불허한다. [⋯] 독립운동을 위해서는 죽음을 피할 수도 있지만 김좌진 앞에서 쓰러지는 일은 마다하지 않겠다고 말하는 자가 있을 정도다. 이로써 그 사람 됨됨이를 충분히 알 수 있다.

키는 6척 1촌 5부. 얼굴은 타원형이고 희다. 눈빛은 형형하여 사람을 두렵게 하고 똑바로 바라볼 수 없게 만드는 느낌이 있다.[2]

---

2 대한독립군단 참모 이정이 진술한 김좌진의 행동 및 일반 불령선인단의 정황 등에 관한 건(1924년 4월), 기밀(機密) 제99호 기밀수(機密受) 제107호, 〈불령단관계잡건-조선인의 부-재만주의 부 38〉.

누군가의 밀고 내용을 토대로 작성한 기밀 보고서다. 독립군의 리더 김좌진이 어떤 사람인가를 서술하고 있다. 측근이 아니면 알 수 없는 내용들이다. 키가 6척이 넘는다는 것은, 지금으로 치면 180센티미터 이상이라는 의미다. 해학이 타의 추종을 불허할 정도라고 하니 익살스러운 농담도 잘하고 주변 사람을 잘 웃게 했던 모양이다. 그 앞에서 죽음을 마다하지 않겠다는 사람이 있으며 이를 토대로 김좌진의 됨됨이를 알 수 있다는 표현에서는, 김좌진의 리더십을 어느 정도 가늠할 수 있다. 취재진이 김좌진 기념관 해설사에게 이런 세밀한 묘사를 하나하나 들려주자 그는 매우 흥미롭다는 반응을 보였다. 쉽게 찾아볼 수 없는 이야기라는 것이다.

김좌진이 어떤 사람인가를 서술한 이 대목은 김좌진의 최측근이자 참모였고, 〈진중일지〉의 저자이기도 한 이정이 훗날 동지를 배신하고 일본 측에 밀고한 내용을 토대로 작성된 것이다. 그는 한때 자신이 모셨던 장군을 이와 같이 묘사하고 있었다. 나쁜 말은 거의 없는 것을 보면 그도 독립군 리더로서의 김좌진을 높이 평가했던 것일까.

1924년 4월 9일 일본 외무성이 작성한 보고 문건의 제목은 '대한독립군단 참모 이정이 진술한 김좌진의 행동 및 일반 불령선인단의 정황 등에 관한 건'이다. '불령선인'이라는 말이 눈에 들어온다. '불령'은 한 마디로 '불량하다'는 뜻이다. '선인'은 조선인을 말한다.

불량한 조선인 무리, 그것이 불령선인단이다. 일제에게는 불령선인단이지만, 우리에게는 숭고한 독립운동가들이다. 이정이 김좌진과 독립운동가들의 정황을 밀고했고 그 내용을 토대로 작성한 보고서라는 뜻이다.

이 문서를 생산한 주체는 일본 외무성이다. 우리로 치면 외교부다. 취재진이 문서를 발견한 곳은 일본 외무성이 생산한 기록이 한데 모여 있는 외교사료관이다. 〈불령단관계잡건-조선인의 부〉라는 방대한 자료집 가운데 일부다.

밀고 내용이 접수된 1924년은 청산리 전투가 있고 나서 4년이 지난 시점이다. 4년 만에 이정은 독립군 참모에서 일본의 밀정으로 변절했다.

본건은 군단의 극비에 속하는 사항입니다. 이를 누설한 것이 발각되면 본인(이정-인용자)의 목숨과 관계되니 일체 비밀로 해 달라고 요청하고 있습니다.

일제의 밀정임이 드러나면 독립군 내부에선 당연하게도 즉각 처형이다. 이정은 자신의 정체를 반드시 숨겨달라고 요청하고 있다. 그가 밀고한 내용을 토대로 작성된 외무성 기밀문서의 분량은 57쪽에 달한다. 상당히 많은 분량이다. 독립군 간부의 인상착의와 특징, 군자금 모금 책임자와 활동 내용, 김좌진과 김원봉의 공동 의

거 계획 등 대한독립군단의 온갖 치명적 정보가 담겼다. 학계 전문가들은 취재진이 처음 찾아낸 이 문건을 접한 뒤 "경악할 만한 밀고"이며 "일본 입장에선 최고 수준의 정보"라고 평가했다.

문건의 목차는 크게 두 줄기다. 김좌진에 대한 정황과 독립군 진영 전반에 대한 정황.

김좌진에 관한 정황

1. 김좌진의 이력 및 성향 그리고 독립운동에 대한 방침
2. 김좌진의 최근 계획 및 행동
3. 김좌진과 중국 관헌의 관계
4. 김좌진과 러시아 적군 및 백군과의 관계
5. 김좌진과 파르티잔 및 마적 등과의 관계
6. 김좌진과 건설파, 개조파, 상하이 임시정부와의 관계
7. 김좌진과 의열단, 적기단 등과의 관계
8. 미일, 러일, 중일 관계에 대한 김좌진의 관찰
9. 귀화 조선인의 자치운동과 적화운동에 대한 김좌진의 감상과 방침
10. 조선총독 및 일본영사관의 조선인 보호, 단속에 대한 감상
11. 일본의 세력 및 조선 독립에 대한 김좌진의 관찰
12. 귀순에 대한 의향

이정이 밀고한 내용을 토대로 작성된 일본 기밀문서. 총 57쪽에 달한다.

일반 불령선인단 등에 관한 정황

1. 현재 러시아, 중국령 불령 각국의 계통 및 세력

2. 중국 관민의 단속 및 태도의 현황

3. 간도 및 조선 국경 방면의 일본 측 경비에 대한 고찰

4. 간도 방면 조선인의 향배와 독립운동과의 관계

5. 최근 불령 유력자의 개황

6. 장래 독립운동 추세 및 완화 방책에 대한 소감

(부록) 대한독립군단 조직과 간부 명단

먼저, 맨 뒤에 있는 '부록'을 주목해보자. '대한독립군단 조직과 간부 명단'이 첨부돼 있다. 독립군 간부 23명의 이름과 나이, 출신지, 이력, 특기, 용모상의 특징이 나열돼 있다. 일부만 인용해보면 다음과 같다.

1. 김좌진
36세 / 총사령관 / 호 백야白冶 / 대종교 / 충청남도 홍성군 고도면 상촌리 / 경성 모 사립학교 교장, 기호학회 총무, 광복단 총무 / 군사학, 보통학, 일본어가 통함. 총명함. / 특기 검술, 단총사격, 유도, 승마 / 신장 6척 1촌 5부, 얼굴 타원형, 흰 피부, 예리한 눈빛

2. 이장녕
44세 / 참모장 / 대종교 / 충청북도 목천군 / 전 한국무관학교 졸업, 육군보병 부위, 서간도 신흥사관학교 교관 / 검술, 수학 / 신장 5척 4촌, 뻐드렁니

3. 이정
38세 / 참모 / 아호 회봉 / 충청북도 음성군 금왕면 내속리

4. 정인철

34세 / 참모 / 아호 우석 / 기독교 / 충청남도 보령군 / 개성 한
영서원 조업, 베이징 강무학당 졸업, 중국육군 보병 대위 / 검
술, 수학, 측량 / 신장 5척 6촌, 수려한 이목구비, 수염 없음

5. 이범석

26세 / 참모 / 아호 철기 / 대종교 / 경성 / 경성 일본심상소학교
졸업, 운남사관학교 기병과 졸업, 육군기병 소위 / 검도, 수학,
측량, 중국어, 일본어 정통, 성악 / 신장 5척 5촌 / 근시, 안경
착용, 풍채 좋음

6. 김규식

42세 / 제1여단장 / 대종교 / 경성 / 일한국 육군보병 소위 / 소
총 사격, 힘이 셈 / 신장 5척 9촌, 피부가 검은 편

이런 식의 나열이다. 김좌진, 이장녕, 이정, 정인철, 이범석, 서
철수, 박두희, 백종렬, 최니콜라이, 이원방, 김규식, 나중소, 양규열,
강승경, 오광선, 강국모, 홍충관, 권태형, 김용수, 신경희, 강필립, 박
크루코리, 박이루니야. 총사령부 소속 고급 간부 23명의 명단과 특
징을 서술하고 있다.

밀정으로 변신한 이정 자신도 간부 중 한 명(참모장)으로 포함

돼 있다. 정보통신 기술이 발달한 지금의 관점으로 100년 전 정보의 수준을 판단해선 안 된다. 학계 전문가들이 왜 "경악할 만한 밀고"라고 했는지를 염두에 둬야 한다. 100년 전 이 같은 정보는 독립군 간부들에게 그야말로 치명적이다. 은밀하게 활동하며 기습 공격을 도모해야 하는 독립군 입장에서 저렇게 고위 간부들의 특징이 일제 측에 넘어간 것은 조직 전체를 위험에 빠뜨리는 일이 될 수 있다.

1963년 건국훈장 독립장을 받은 이장녕 선생의 경우 '뻐드렁니'라는 특징까지 언급되어 있다. 신원을 확인하는 데 긴요하게 활용될 만한 대목이다. 취재진이 이장녕 선생의 후손을 만나 이런 신체적 특징을 나열했을 때, 손자 이석희 씨는 처음 듣는 이야기라며 흥미로워하면서도 개탄했다. 존경하는 할아버지에 관한 정보가 많지 않다 보니 당연히 흥미롭고 반갑지만, 다른 한편으로는 이런 정보를 밀정의 밀고 내용을 통해서 접한다는 사실이 개탄스럽다는 이야기였다. 이장녕 선생은 광복을 보지 못한 채 1932년에 작고한 것으로 전해진다. 후손들의 전언에 따르면 밀정의 밀고를 토대로 마적단이 급습해 선생을 살해했다고 한다. 독립군으로 활동한다는 것은 언제 일본인의 총칼에 목숨을 잃을지 모른다는 것을 인식하는 일임과 동시에, 내 주변에 '동지로 위장한 밀정'이 있다는 사실을 염두에 두어야 하는 일이기도 했다.

이정이 '뻐드렁니'가 있다고 밀고한 이장녕 선생.
북로군정서 참모장으로 청산리 전투에서 승전의 공을 세웠다.
출처: 한국민족문화대백과

위에 열거된 독립군 간부 23명 가운데 13명은 현재 대한민국 정부로부터 건국훈장을 받고 독립유공자로 등록돼 있다. 나머지 10명은 그렇지가 않다. 대한독립군 주요 간부로 활동했지만 대한민국 정부로부터 공인받지 못한 사람들이다. 우리 역사가 호명하지 않은 사람들인 셈이다.

물론 훈장이 수여되지 않은 이유는 개개인별로 엄밀히 확인해 볼 필요가 있다. 훗날 활동에서 흠결이 발견돼 훈장을 받지 못했다면 이해할 수 있지만, 그런 게 아니라 그동안 국가가 미처 챙기지 못해 아예 서훈 심사 자체가 없었다면 이건 문제다. 물론 훈장이 수여되려면 몇 조각의 기록만으로는 안 되고 뒷받침할 자료들이 최대한 많이 수집되어야 하는 건 맞다. 그러나 일본 측 기밀문서에 등장하는 '독립군 주요 간부' 정도라면 대한민국이 그들의 공적을 더 적극적으로 찾아봐야 한다.

영화 〈암살〉과 〈밀정〉으로 대중에게도 잘 알려진 약산 김원봉의 이름이 곳곳에서 등장한다. 보안과 비밀 유지가 핵심이라 할 김좌진과 김원봉의 공동 의거 계획을 낱낱이 밀고한 것을 확인할 수 있다.

[김좌진은] 간도 방면에 대해서는 왕년에 일본 군대의 출동 당시 패배해 당분간 군사 행동은 취하지 않지만, 의열단장 김원봉과 연락하여 올봄부터 단원 10여 명을 보내 일본영사관의 주

요 관리 및 친일 조선인 등을 암살하여 민심을 격동시킬 계획을 갖고 있습니다. 실행에 필요한 폭탄, 권총 등은 총사령부에서 공급하기로 내정돼 있습니다.

이뿐만이 아니다. 일제 측 경비가 지역에 따라 어떻게 다른지, 그래서 독립군이 어떻게 달리 대응하는지도 밀고한다. 일제가 독립군을 상대로 역공작을 펴는 데 중요한 정보가 될 수 있는 내용이다.

간도에 있는 일본 경찰에 대해서는 (독립군 진영에서-인용자) 많이 고려하고 있지 않습니다. 때때로 불운하게 검거되기도 하지만 피해가 크지는 않습니다. 다만 각종 국제문제 등을 일으킬 수 있어 피하고 있을 뿐입니다.
국경 쪽(한반도 쪽-인용자) 일본 군대 배치는 상당히 중요하게 보고 있습니다. 국경을 습격하는 데 큰 장애물이 되기 때문입니다.

이정이 특히 상당량을 할애해 밀고하는 부분은 '돈' 문제다. 독립군이 군자금을 얼마나 확보하고 있는지, 누가 어떤 방식으로 군자금을 모으고 있는지를 세세히 일제에 전달했다. 독립운동도 돈이 있어야 한다. 임시정부든 독립군이든 가장 큰 고민거리 중 하나는 '모연募捐', 즉 돈을 어떻게 마련할 것인가였다. 군자금이 일종의 생명줄이라는 점을 감안하면, 이런 밀고는 독립군의 '숨통'을 끊는 것이라는 게 전문가들의 평가다.

현재 자금으로는 1923년 12월 이승만이 미국에서 모집한 2만 달러를 송부해온 것으로 이 가운데 1만 달러는 노백린이 받아서 임시정부 경비로 충당했고 나머지 1만 달러는 대한독립군단에 교부되었습니다. […] 같은 해 5월 독립군단 모연국장 이홍래는 경성에서 3만 달러를 받아 무산군을 통해 간도로 들어가서 당시 용안현永安縣 동경성東京城 재무부로 가져갔는데 이것도 지금 약 2만 엔은 남아 있어 총 4만 엔은 재무부에 보관돼 있습니다. 그리고 이홍래는 1923년 교묘하게 변장해 함경남북도와 경성, 대구 방면에서 행동했습니다. 특히 대구에서는 이 지역 출신으로 전 군정서 비서장인 고故 김성金星과의 인연으로 몰래 편의를 받았습니다.

대한독립군단의 재정 상황은 물론이고, 돈이 들어온 경로와 책임자 이름까지 구체적으로 진술하고 있다. 군자금을 모으는 '모연국장'을 맡은 이홍래 선생은 일제에 들키지 않으려고 '교묘하게 변장해' 한반도 곳곳을 돌아다니며 군자금을 모금했음을 확인할 수 있다. 그가 독립군단의 재정에 조금이라도 보태기 위해 목숨을 걸고 위험천만한 모연 활동을 하고 있을 때 누군가는 동지의 이름을 고스란히 일제에 팔아넘기고 있었다.

공교롭게도 이홍래 선생은 이정의 밀고가 있은 지 한 달쯤 뒤인 1924년 4월 하얼빈에서 군자금을 모으다가 발각되었다. 그는 청진지방법원에서 징역 10년형을 선고받았다. 대한민국 정부는 1963년 이홍래 선생에게 건국훈장 독립장을 수여했다.

이정의 밀고와 이홍래의 체포에는 아무런 연관이 없었을까, 의심이 들지 않을 수 없다. 이정의 밀고는 또 있었다.

압록강 연안 지역은 군이 움직이기 유리한 정황이 있어서 항상 침격을 도모하고 있습니다. 일본 측 경비 기관이 바쁘게 움직이게끔 만들고 다른 한편으로는 (주민들을 상대로) 사상을 지속적으로 격려하는 것을 꾀하고 있습니다. 본 계획은 지난해 일본 군대가 간도로 출동했을 당시, 경계 바깥으로 숨은 보병대대 소대장 강승경姜承慶에게 뜻을 전해 실행해온 바 있습니다.

압록강 지역에서 일제를 혼란스럽게 만들고 주민들을 설득하는 임무를 맡은 사람을 정확히 지목하고 있다. 강승경 선생은 이홍래와 함께 '모연대' 활동을 하며 군자금 모금에 주력하다가 이홍래와 비슷한 시기인 1924년 5월 일본 경찰에 체포되었다. 경성지방법원에서 징역 12년을 선고받고 서대문형무소에서 옥고를 치렀다. 얼마나 혹독한 고문을 받았을지는 굳이 말할 필요가 없을 것이다. 강승경 선생이 어디서 어떻게 삶을 마감했는지는 알려져 있지 않다. 서대문형무소가 그의 삶의 마지막 행적이었는지도 모른다. 강승경 선생에게는 2009년 건국훈장 애국장이 수여되었다.

이홍래, 강승경 두 사람이 체포된 게 이정의 밀고 때문인지는 정확하게 입증할 수 없다. 그러나 공교롭게도 이정의 밀고가 있고 나서 얼마 되지 않아 두 사람 모두 일본 경찰에 붙잡혀 옥고를 치렀다. 문제의 외무성 기밀문서가 이정의 밀고 내용을 총론 차원에서 종합해 정리한 것이라고 본다면, 또한 이정이 독립군 핵심 간부와 군자금 책임자들의 위치나 동선에 관한 구체적인 정보를 구두나 어떤 형식으로든 추가로 제공했을 가능성이 크다고 본다면, 이들의 검거가 이정의 밀고와 무관하다고 보는 것도 맞지 않을 것이다. 충분히 가능성이 있다는 게 전문가들의 견해다. 실제로 문서에는 이정이 주요 간부들의 현 위치와 근황을 요약해서 전하는 대목도 나온다.

최근 불령 유력자의 상황

유동열: 만주리 방면에 있지만 근황을 듣지는 못함.
문창범: 니콜리스크 쪽에 있지만 별다른 행동 없음.
이청천: 러시아령에 있으나 김좌진 일파와 연락 있음.
김경천: 위와 같음.

이범윤: 둥닝현東寧縣 삼차구에 있음.

홍범도: 러시아령 이만에 있음.

구춘선: 몰래 간도로 들어온 듯함. 병이 위독함.

안무: 간도 방면으로 들어왔다는 이야기가 있음.

박호: 무송에 있음. 서로군정서에 참여함.

현천묵: 영고탑에 있음.

최계립: 영고탑에 있음. 김좌진과는 연락하지 않음.

마진: 둔화敦化에 있음. 적기단을 지휘.

다시 말하지만, 인터넷과 위성기술이 발달한 지금의 시점으로 100년 전의 정보를 판단해선 안 된다. 이정의 밀고가 전부 정확하리라는 보장은 없지만, 그는 대한독립군단의 주요 간부였다. 비교적 정확하고 오염되지 않은 정보를 접할 수 있는 위치다.

이정은 한반도 안으로 몰래 침투해 활동하던 또 다른 부대원들을 다음과 같이 밀고한다.

조선 쪽에서는 현재 오로지 돈을 모으는 일에 전력을 다하고 각 도로 대원을 파견하고 있습니다. 본적 충청북도 청주 최춘식崔春植, 본적 함경북도 회령 이완희李完熙 두 사람입니다. 이들 모두 1923년 7월에 출발했는데 아직 돌아오지 않았습니다.

한반도에서 비밀리에 군자금을 모은 사람으로 최춘식, 이완희 두 사람을 밀고하고 있다. 이들은 누구일까. 1923년 7월에 출발했는데 그 이듬해 봄까지 돌아오지 못했다면, 중간에 일본 경찰에 들켜 체포된 것일까. 각각 본적이 기술돼 있다. (문서에는 나오지 않지만) 연령대도 대충 파악했을 테니 일본 입장에선 두 사람의 가족이나 친인척을 해당 지역에서 찾아내는 게 가능했을 것이다. 별로 어려운 일도 아니었을 것이다. 만약 이들이 한반도 내로 몰래 들어와 고향에서 군자금을 모으는 활동을 했다면, 그리고 어떤 추적의 실마리를 가족에게든 지인에게든 남겼다면 일제가 검거망을 좁히는 데 용이했을 것이다. 이정의 밀고가 추적과 검거에 속도를 높이는 데 도움이 되었을 수 있는 것이다. 내부 배신자는 이토록 무서운 것이라서 "일본 경찰 100명보다 한 명의 밀정이 더 무섭다"는 이야기가 독립운동 진영에서 회자되곤 했다.

최춘식, 이완희 두 사람은 안타깝게도 국가보훈처에 독립유공자로 등록돼 있지 않다. 최춘식의 경우, 의병활동을 한 또 다른 동명이인만 등록돼 있을 뿐이다. 말하자면 이들은 '역사에서 잊힌 사람들'이다. 일본 측 자료에는 '불령선인'으로 이름이 등장하지만 우리가 기억하거나 호명하지 않은 채 '역사에서 휘발한' 사람은 한둘이 아니다. 문서 곳곳에 너무도 많다. 누군가는 훗날 변절했을 수도 있고 누군가는 독립운동 진영을 떠나 소시민의 일상으로 돌아갔을 수도 있지만, 그들 가운데 상당수는 일제에 체포돼 고문을 당하거나 수감 생활을 했거나 어딘가에서 쓸쓸히 삶을 마감했을 것이다. 우리 역사는 이들을 기록하지 않지만, 그래서 우리는 그들의 이름 조차 알지 못하지만, 밀정이 써내려간 또 다른 역사에는 이들의 이름이 점점이, 그러나 또렷이 박혀 있다. 슬픈 역설이다.

일본 기밀문서에 따르면 이정은 1924년 3월 27일 전부터 교류가 있던 스에마쓰末松 경시警視에게 '자수'했다. 일본 입장에선 이른바 '전향'이자 '귀순'이다. 이정처럼 독립운동 진영에서 중요한 임무를 맡다가 일본 측으로 '귀순'하는 사람들을 특별 관리하기 위해 일제는 일종의 지침서를 마련해놓고 있다. 우리 쪽으로 넘어왔다고 곧바로 승인해주는 게 아니라 조건이 따라붙는다.

불령선인 단속 방침[3]

귀순을 희망하지만 말과 행동이 쉽게 변하는 그들의 성질에 비추어 대략적으로 아래의 방침에 따라 단속할 것.

1. 귀순의 성의를 밝힐 때에는 자신이 과거 해온 불령한 행동을 일일이 자백하게 하고 숨긴 물건이 있다면 내놓게 할 것.
2. 귀순의 뜻을 밝힐 때에는 보민회 또는 농업조합에 가입하게 해 보증서를 제출하게 할 것.
3. 진심으로 이전의 행동을 후회하고 장래 단연코 불령한 행동을 하지 않겠다고 서약하게 할 것.

---

3 불령선인 귀순 신청자의 취급과 기타에 관한 건(1920년 11월), 기밀공(機密公) 제30호, 〈불령단관계잡건-조선인의 부-재만주의 부 24〉.

4. 장래 최대한 불령선인의 행동을 탐사하여 밀보密報할 것을 서약하게 할 것.

충성심을 증명하라는 것은 기본이다. '밀보', 즉 독립운동 진영의 움직임을 은밀히 보고하도록 요구하고 있다. 그래야만 일본 측으로 완전히 넘어왔다는 것을 믿어주겠다는 의미다. 일본으로선 이런 안전장치를 마련해놓아야 이른바 역공작의 위험을 차단할 수 있을 것이다. 영리하고 집요하다. 이정은 이런 지침에 따라 대한독립군단의 동태를 세세하게 밀고했고, 그런 보고가 어느 정도 누적돼 일본의 신임을 얻은 뒤에는 독립운동 진영에서 몰래 도망쳐 나왔을 것이다. 그렇게 사라진 뒤에야 동료들은 그의 변절을 눈치챘을 것이다.

이정은 독립유공자다. 1963년 건국훈장 독립장을 받았다. 독립군 비서이자 참모이자 청산리 전투에 참전한 용사였으니 훈장이 수여된 것은 타당했다. 물론 아무도 그가 밀정이었다는 사실을 모른 채로 서훈 심사가 진행되었겠지만 말이다. 국가보훈처 홈페이지에는 그의 공적을 다음과 같이 요약해 소개하고 있다.

1919년 8월 서일徐一, 현천묵玄天默, 김좌진金佐鎭 등이 중심이 되어 북간도에 조직한 북로군정서에 가담하여 막빈幕賓(비서)으로 활

약하였으며, 1920년 10월에는 청산리 독립전쟁에 참가하여 일
본군을 격퇴하는 데 일익을 담당하였다.

대한독립군단大韓獨立軍團의 일원으로 노령에 들어갔다가 자유시
참변을 당하게 되자 김좌진金佐鎭을 따라 다시 만주로 탈출하였다.

1923년에는 만주 지역의 독립운동단체들을 통합하기 위한 군
사연합회의 준비회에 가담하여 회장인 이범윤李範允을 보필하
였다.

정부에서는 고인의 공훈을 기리기 위하여 1963년에 건국훈장
독립장을 추서하였다.[4]

1963년 훈장이 수여될 당시 이정의 밀정 행적을 소상히 다 파
악하지는 못했을 테니 국가를 무작정 비난할 일은 아니다. 그러나
오래전부터 학계 전문가들이 누차 지적해온 대로 그동안 대한민국
서훈 과정이 얼마나 부실했는가를 보여주는 사례라고 할 수 있다.
지금이라도 바로잡아야 한다.

그런데 우리는 취재 과정에서 매우 이상한 점을 발견했다. 국
가보훈처 홈페이지에 들어가 보면 독립유공자들의 공적을 확인할
수 있도록 검색 기능이 마련돼 있다. 안중근이든 윤봉길이든 김좌

---

4   국가보훈처 공훈전자사료관 이정 공훈록.

진이든, 훈장을 받은 독립유공자의 이름을 검색하면 그가 어떤 사람이고 왜 훈장을 받았는지가 나온다.

독립유공자를 설명하는 것은 크게 두 가지로 나뉜다. 공적조서와 공훈록이다. 둘 다 해당 인물을 설명하는 글이라고 보면 되는데, 공적조서가 더 간략한 개요 형태이고 공훈록은 그 사람의 공적에 대해 좀 더 서술형으로 쓰여 있다. 아무래도 일반 대중이 읽기에는 공훈록이 더 친숙하고 편하다.

이정의 공훈록은 위에서 이미 본 대로 우리가 알고 있는 바로 그 사람이다. 청산리 전투에 참전했고 '막빈'으로 활약했으나 밀정으로 변신한 이정이다. 그런데 공적조서에서 이정을 찾아보면 괴상한 내용이 나온다. 다음과 같다.

이정의 공적조서 중 공적개요[5]

1. 북로군정서 모연대장
2. 청산리 전역 후 지방 피신 중 일병 주구 손에 피살
3. 대종교 신자 무후
4. 대종교인 검거 고문 옥사

1번에 나오는 '모연대장'은 '모연', 즉 군자금을 모으는 역할을 담당했다는 뜻이다. 그런데 2번과 4번을 보면 어처구니없는 모순

5 국가보훈처 공훈전자사료관 이정 공적조서.

을 발견할 수 있다. 한 사람이 두 번 죽는다. 2번 내용은 청산리 전투 뒤에 지방으로 몸을 숨겼다가 일제에 살해됐다는 뜻이다. 4번은 대종교인으로 활동하다 붙잡혀 고문을 받다가 감옥에서 숨졌다는 말이다. 어떻게 한 사람이 두 번 죽을 수 있다는 말인가.

이상한 점은 또 있다. 국가보훈처에 기록된 이정은 1895년에 태어나 1943년에 사망한 것으로 나와 있다. 본적은 함경북도 경원이다. 그런데 취재진이 일본 기밀문서에서 발견한 밀정 이정은 한자가 똑같지만 1924년 당시 38세로 표기돼 있다. 김좌진 장군보다 두 살 많다. 김좌진이 1889년에 태어났으니 일본 기밀문서 속 밀정 이정은 1887년에 태어났다고 볼 수 있다. 국가보훈처에 기록된 1895년생보다 여덟 살 많은 것이다. 요컨대 국가보훈처 이정의 생년과 일본 기밀문서 속 이정의 생년이 다르다.

또 일본 문서 속 이정은 종교가 대종교이긴 하지만, 본적이 충청북도 음성군 금왕면이다. 국가보훈처에는 본적이 함경북도로 기재돼 있다.

취재진이 이 사실을 포착할 때까지 학계에서든 국가보훈처에서든, 심지어 후손들조차도 이런 모순을 알지 못하고 있었다. 두 명의 동명이인이 뒤섞인 게 아닐까 충분히 의심할 수 있는 대목이다. 앞서 보았듯이 국가보훈처 공훈록에는 분명히 청산리 전투에 참가한 '막빈(비서)' 이정이 적혀 있다. 우리가 알고 있는 〈진중일지〉의 저자이자 밀정인 그 사람이 분명하다. 그러나 공적조서에는 한 사람의 사망 사실이 두 번 기록돼 있고(피살과 옥사), 태어난 연도나 본적이 일본 기밀문서 속 밀정 이정과 다르다.

결국 건국훈장 독립장을 받은 이정의 기록에는 밀정 이정과 대종교 활동을 하다 옥사한 또 다른 이정의 내용이 한데 뒤섞여 있다고 충분히 의혹을 제기할 만하다. 전문가들의 의견도 그러했다. 일본 기밀문서 속에 등장하는 밀정 이정을 '이정 A', 또 다른 이정을 '이정 B'라고 한다면, 이정 A는 '청산리 전투 이후 일제에 피살됐다'는 표현과 들어맞을 가능성이 있고, 이정 B는 '대종교인 고문 옥사'에 들어맞을 가능성이 있다. 전문가들은 이정 B가 1943년 이른바 '임오교변'(일본 경찰이 만주에서 대종교 간부들을 탄압한 사건) 때 숨진 사람으로 보인다고 설명했다.

이렇게 두 명이 섞이다 보니 다음과 같은 상황도 발생했다. 법무부는 2008년 독립유공자 후손들에게 '특별귀화 허가증'을 수여했다. 조상 가운데 독립유공자가 있는 사람들을 대상으로 '특별귀화'라는 일종의 혜택을 준 것이다. 대상자는 모두 22명인데 이 가운데 이정 후손 일곱 명이 포함돼 있다. 이때 법무부가 밝힌 '이정의 활동 내용' 중 일부를 인용하면 다음과 같다.

1919년 8월 서일, 현천묵, 김좌진 등이 중심이 되어 북간도에 조직한 북로군정서에 가담하여 막빈(비서)으로 활약함.

국가보훈처 공훈록에 나오는 표현 그대로다. 유감스럽게도 우리가 알고 있는 밀정 이정을 가리킨다. 그런데 이듬해인 2009년 법무부는 또 다른 독립유공자 후손 41명에게 특별귀화를 허가한다. 이정의 후손 두 명이 여기에 또 포함된다. 이때 이정의 활동 내용으로 언급된 것은 다음과 같다.

1942년 대종교 지도자로서 동경성에 천전을 건축할 계획을 논의하던 중 일제의 대종교인 대량 검거 시 체포되어 고문을 받고 옥사 순국함.

요컨대 2008년에는 이정 A로, 2009년에는 이정 B로 법무부가 특별귀화를 허가했다는 사실을 알 수 있다. 법무부는 이정 A와 이정 B를 한 명으로 인식했다. 물론 법무부를 탓할 수는 없을 것이다. 애당초 국가보훈처 기록이 그렇게 되어 있고, 그 기록을 토대로 특별귀화 조치를 취한 것일 테니까 말이다.

국가보훈처 책임이 크다. 이정이 일본의 밀정이었다는 사실은 이번에 취재진이 처음 발굴한 것이니 그런 사실 자체를 몰랐다는 건 그렇다 치자. 그렇지만 공적조서에 버젓이 '한 사람이 두 번 죽었다'는 모순된 내용이 별다른 문제의식 없이 기술되어 있고, 지금까지 바로잡지 못한 것은 비판받아 마땅하다.

지금은 많이 나아졌다고 하지만 과거 대한민국 서훈 심사가

적잖이 부실하게 진행됐다는 점, 그래서 몇 사람의 공적이 짜깁기
돼 훈장이 수여되는 경우도 왕왕 있었다는 점은 학계 전문가들이
누누이 지적해온 문제점이다.

이른바 '나라의 품격'이라는 것은 여러 차원에서 입증될 수 있
을 테지만 국가가 공인하는 역사의 기록이 얼마나 정확성·신뢰성·
공정성을 담보하고 있는가, 그래서 궁극적으로 '권위'를 갖춘 기록
이 될 수 있는가도 중요한 판단 기준이 될 것이다. 이것은 진보·보수
의 문제도 아니요, 특정 시기의 정부에만 해당하는 문제도 아니다.
국가의 기틀 또는 연속성과 관련한 문제다. 이 대목에서만큼은 대
한민국의 국격은 아직 충분하게 높아지지 못한 것 같다.

6장

얼굴 없는
밀정이 기록한
'만주벌 호랑이'

2019년은 3·1운동 100주년, 임시정부 수립 100주년이다. 2020년
은 봉오동 전투·청산리 전투 100주년이다. 2020년 3월 1일 삼일절
기념식에서 문재인 대통령은 "온 국민이 기뻐할 소식을 전한다"며
홍범도 장군의 유해가 국내로 들어오게 됐다고 말했다. 카자흐스
탄 정부의 협조가 있었다고 한다. 봉오동 전투 승전 100주년에 걸
맞은 좋은 소식인데, 코로나 사태로 카자흐스탄 대통령의 방한이
연기되면서 이 글을 쓰는 시점까지도 아직 예정된 유해 송환이 이
뤄지지 않고 있다. '만주벌 호랑이'는 어쩌다 머나먼 카자흐스탄에
묻히게 된 것일까.

그 사람의 이력을 알고 나서 용모를 보아서인지 모르겠지만,
홍범도는 사진으로만 봐도 그야말로 장군 같고 호랑이 같다. 산전

의병활동을 하던 시기로
추정되는 홍범도 장군의
젊었을 때 모습.
출처: 홍범도장군기념사업회

수전 다 겪은 노련한 의병장의 모습 그대로다. 체격도 다부져 보인
다. 전투할 때도 좀처럼 지칠 줄 몰랐다고 한다. 타고난 싸움꾼이다.
가난한 농부의 아들로 태어나서였을까. 아랫사람에게 권위적으로
대하지 않았다고 전해진다. 홍범도에게도 단점이 있었을 테고 일
정 부분 사후에 미화된 부분도 없지 않겠지만, 그래도 장군을 둘러
싼 후일담은 칭송과 상찬으로 일관되는 편이다. 백발백중 솜씨 좋

은 명사수였고, 독립운동사에 빛나는 승전의 기록을 여러 차례 쓰게 만든 유능한 독립군 리더였으며, 공과 사를 엄격히 구분할 줄 아는 원칙주의자였다. 군자금을 모으기 위해서 항구와 금광에서 직접 노동을 하고 임금을 받았다. 태생이 평민이고 농민이고 노동자였다. 남의 노동에 기대어 책만 읽는 '양반 나리'가 아니었다.

봉오동 전투는 1920년에 있었지만 홍범도가 의병활동에 뛰어든 것은 한일병탄이 이루어지기 전인 1895년부터다. 이때는 소규모로 조직된 의병을 이끌고 기습 작전을 감행하는 방식이었다. 홍범도의 2차 의병활동은 1907년에 시작한다. 자신과 같은 직업인 포수들을 주축으로 의병부대를 결성하면서 본격적인 전투에 뛰어들었다. 일본군과 경찰, 친일 관리, 일진회 회원들을 표적 삼아 여러 차례 승리를 거두었다. 봉오동 전투가 있기 전부터 이렇게 의병장으로서 맹활약을 했으니 일제 입장에서는 두려운 존재이면서 눈엣가시가 아닐 수 없었다. 그의 동향을 소상히 파악하고 어떻게든 신병을 확보해야 했다. 어김없이 밀정이 동원됐다. 1910년 11월 외무성 문서다.

밀정이 5~6년 전에 연추煙秋에 살았었기 때문에 엄인섭, 홍범도 등과 면식이 있습니다. 이것을 기회 삼아 그들의 계획 및 대략적 방침을 알고자 블라디보스토크에서 사흘, 수청漱城에서 사흘 머물렀습니다.[1]

---

1   배일 조선인의 동정에 관한 건(1910년 11월), 기밀(機密) 제57호, 〈불령단관계잡건-조선인의 부-재만주의 부 1〉.

앞서 '밀정의 대표주자'인 엄인섭의 일생을 간략히 훑어본 바 있다. 위 문서가 작성된 1910년에 엄인섭은 이미 일제 밀정으로 포섭되어 이중플레이를 하고 있었다. 그렇다면 이 문서 작성자는 엄인섭의 정체를 몰랐을 가능성이 높다. 요즘도 정보기관 요원들이 자신의 정보원을 다른 요원과 잘 공유하지 않는 것처럼, 당시 밀정도 자신을 고용한 사람하고만 주로 소통했다. 첩보를 생산하는 방식은 그때나 지금이나 유사한 것이다. 일본 기밀문서에 밀정의 실명이 잘 등장하지 않고 "우리 밀정의 보고에 따르면…"이라는 식으로 이름 없이 내용만 서술되는 경우가 많은 것도 이 때문이다. 위 문서에도 홍범도와 엄인섭에게 접근해보겠다는 밀정의 실명은 나와 있지 않다.

이듬해인 1911년, 이번에는 군 헌병이 보고한 문건이다. 홍범도가 이끄는 의병조직의 규모에 대해 설명하고 있다. 밀정이 내부자이거나, 적어도 내부를 깊숙이 파고들 수 있는 사람이 아니면 보고하기 힘든 내용이다.

> 홍범도는 부하 200명을 거느리고 조선 안으로 침입할 때가 오기를 기다리고 있습니다. 작년에 이범윤이 체포되면서 그 부하들은 점차 사분오열하여 고작 30명만 추풍秋風, Suifun에 있습니다.[2]

---

2   러시아령 추풍 및 블라디보스토크 지방 폭도 상황(1911년 5월), 헌기(憲機) 제 1024호, 〈불령단관계잡건-조선인의 부-재시베리아 2〉.

다시 1년 뒤인 1912년이다. 함흥 지역에 있는 헌병대장이 올린 보고다. 기존 문건에는 홍범도에 대한 단편적인 정보가 조금씩 흩어져 있다면 이번에는 다르다. 홍범도 부대의 병력 규모, 동향, 병기 현황, 은신처, 부대원의 개인적 특징까지 총망라돼 있다. 자그마치 17개 항목이다.

대안對岸에 있는 폭도의 수괴는 홍범도, 차도선車道善 두 사람입니다. 홍범도는 부하 약 500여 명과 총기 약 500자루를 가지고 있으며, 차도선은 부하 약 300명과 총기 약 300자루를 가지고 있습니다.

차도선(1962년 건국훈장 독립장)은 홍범도와 함께 의병대의 중추였다. 두 사람 밑에 각각 500명과 300명의 병사가 있으며 한 사람당 하나씩 총기를 갖고 있다는 이야기다. 요즘 군대 규모와 비교해선 곤란하다. 게릴라식으로 치고 빠지는 비정규군치고는 일제가 무시하지 못할 규모다. 나름대로 병기를 잘 갖추고 있었으니 일본군이 두려워할 만하다.

각자 농사를 지으며 생계를 꾸리고 있는데 러시아령에 거주하는 안종호安鍾鎬로부터 6월, 12월 두 차례 약간의 보조금을 송부받고 있습니다. 부하에게는 한 달에 밀가루 1두斗 6되, 수수 2두

5되, 히어로ʰᵉʳᵒ 담배 10개씩 제공하고 있습니다.

독립군의 사정이 눈에 잡힐 듯 구체적이다. 전투가 임박하지 않은 시점에선 농사를 지으며 생계를 꾸렸다. 일종의 둔전병이다. 독립군을 도와주는 자금의 출처가 어딘지도 실명을 거론하고 있다. 치명적인 정보다. 일제 입장에선 독립군을 치는 것보다 안종호를 처리하는 게 훨씬 수월하면서도 비용 대비 효과를 극대화할 수 있을 것이다.

홍범도 개인을 검거할 수 있을 만한 단서를 일제에 세세히 밀고한다. 은신처 이야기다.

홍범도의 소재지는 혜산진 대안 일리日里에서 약 30리 떨어진 신약수동新藥水洞입니다. 사람들의 눈을 피하기 위하여 일부러 이 지역 동북쪽 사헌四軒 부락에 가옥을 짓고, 이곳에 거주하면서 대문에 조사실이라 적은 종이를 붙였습니다. 그리고 이곳에서는 부하들과 동거하면서 망을 보게 하여 경계하고 있습니다.

일제가 가장 눈여겨볼 법한 정보다. 혜산진은 북한 양강도 지역으로 보인다. 사헌 부락에 위장 가옥을 지어놓고 실제로는 혜산진 대안 일리에서 30리 떨어진 신약수동에 홍범도가 머물고 있다는 뜻이다. 밀고자가 홍범도 부하였기에 파악할 수 있는 내용이다.

밀정이 홍범도 장군의 인상착의에 대해 밀고한 내용을 토대로 그린 삽화.
완장과 견장에 대한 구체적인 묘사가 눈에 띈다. 일제가 홍범도 장군을 한눈에
알아볼 수 있을 수준의 정보가 밀정에 의해 전달되었음을 알 수 있다.

홍범도는 러시아 말 한 마리를 기르고 있습니다. 홍범도의 복
장은 보조원과 같은 다갈색 옷이며 완장에는 붉은 선 두 줄이
둘러져 있습니다. 통령감統領監이라 적힌 청색 견장을 부착하고
있습니다.

홍범도의 복장과 특징이다. 다갈색(검은빛을 띤 갈색) 옷을 입었
다. 주변 사람과 옷 색깔이 비슷해서 얼핏 봐서는 구분하기 어려울
것이다. 대신 다른 특징이 있다. 붉은 선이 두 줄 있는 완장을 팔에

차고 있다. 어깨에 두른 견장은 파란색이고 통령감이라고 적혀 있다. 이것으로 구분 가능할 것이다.

홍범도 부하들의 특징은 어떨까. 밀고자에게는 한솥밥 먹던 동료들일 것이다.

부하들은 복장도 일정하지 않고 그때그때 가명을 써서 알아보기 어렵습니다. 그런데 타인이 있는 장소에서 부하들끼리 대화를 하고자 할 때, 또는 본명을 알고자 할 때에는 서로 오른손을 머리 높이 올려 알아보도록 정하고 있습니다.

수신호다. 대원들 사이에서만 약속된 몸짓이다. 이런 방식으로 조심스럽게 남의 눈을 피해 소통하고 있다. 밀고자가 홍범도 부하이기에 알 수 있는 정보다. 정보의 구체성을 보면 밀고자도 만만치 않은 사람이라는 걸 알 수 있다. 뭐랄까, 머리가 좋고 민첩한 인상을 준다. 아니나 다를까, 일제가 그를 이렇게 평가한다. 밀고자의 정체가 등장한다.

홍범도의 부하 예승준芮承俊(22세)은 소양이 있을 뿐만 아니라 기억력이 매우 뛰어나고 성격이 활발합니다. 조금도 감추는 것 없이 진술했으며 대체로 사실로 보이는 점이 많습니다.[3]

---

3   혜산진 대안 청국령 폭도에 관한 정보(1912년 4월), 조헌기(朝憲機) 제520호, 〈불령단관계잡건-조선인의 부-재만주의 부 1〉.

밀고자는 스물두 살 예승준, 홍범도의 부하였다. 밀고 내용에서 짐작할 수 있는 성격 그대로다. 동료들을 생각해서라도 적당히 (?) 이야기할 수도 있을 법한데, 기왕 배신하기로 작정한 탓인지 그는 "조금도 감추는 것 없이 진술"했다. 예승준이 누구인지 좀 더 확인해보고 싶지만 그의 신원을 추적할 만한 유의미한 기록을 발견할 수 없었다. 그는 홍범도 의병부대의 모든 것을 밀고한 대가로 남은 일생을 편안하게 살았을까. 동료들에 대한 부채의식을 조금이라도 가지긴 했을까.

홍범도의 명을 받고 한반도 내에 침투한 충직한 부하들이 있었다. 아마 군자금을 모으는 일을 하느라 바삐 돌아다녔을 것이다. 이 역시 예승준의 밀고로 정체가 드러났다.

1. 원상학元尙學

25세 정도. 머리는 상투를 틀고 있음. 눈, 입, 코, 뺨은 둥글고 통통한 편. 신장은 5척 정도이며 체격이 크고 피부가 단단하다. 흰색 면장갑을 끼고 있다.

2. 김한보金漢保

28세 정도. 상투를 하고 있고 눈이 크다. 수염이 검고 짙다. 코가 높다. 체격은 마른 편이다.

밀정이 홍범도 장군의 부하들의 인상착의에 대해 밀고한 내용을 토대로 그린 삽화.
인물의 특징을 단번에 알 수 있을 만큼 밀고 내용이 자세했다.

3. 표창순表昌淳

27세 정도. 신장 5척 정도, 얼굴이 길고 통통한 편. 상투를 하
고 있고, 코가 크다. 눈과 귀가 크다. 체격이 비대하다. 입이 오
른쪽으로 돌아가 있는 게 특징이다. 무늬가 없는 흰색 두루마
기를 입는다.

일제의 눈을 피해 몸을 숨겨가며 한반도 곳곳을 돌아다녔을 홍
범도의 충직한 부하들이다. 이런 밀고가 있은 뒤 이들은 어떻게 되

었을까. 일본 경찰에 붙잡혔을까. 모진 고문을 당하고 옥고를 치렀을까.

국가보훈처에는 이들의 이름이 등록돼 있지 않다. 독립유공자가 아닌 것이다. 밀정의 밀고 내용에는 등장하지만 우리 역사에서는 찾아보기 힘든 이름. 어디론가 휘발된 독립군 병사들이다. 물론 이런 사람들은 이뿐만이 아니다. 너무도 많다. 남아 있는 자료가 부족해서, 이들을 공식 기록으로 써놓지 않았다고 국가를 비판하는 것도 야박하다. 밀정의 밀고 '탓'이라고 해야 할지 '덕분'이라고 해야 할지, 이들의 이름을 한 번이라도 불러보며 감사해할 수 있어서 그나마 다행이라고 해야 할까. 씁쓸하기만 한 대목이다.

일제의 극심한 견제와 탄압 속에 홍범도 의병부대는 승전과 패전, 기회와 위기를 반복했다. 한일병탄 뒤인 1910년대는 장군에게 일종의 숨 고르기 기간이었다. 연해주로 망명해 다시 전장에서 싸울 날을 기다리며 차곡차곡 준비했다. 한인 사회 역량을 키우는 각종 사업에 힘을 보태면서도 그는 언제나 일본군과의 치열한 전투를 꿈꿨다. 생사를 건 투쟁의 현장만이 그를 살아 숨 쉬게 했다.

1919년 3·1운동은 만주벌 호랑이를 다시 일으켰다. 기회가 온 것이다. 항일무장투쟁의 피가 도도히 흐르는 간도로 가서 병사들을 모집했다. 그렇게 대한독립군이 탄생했다. 300여 명의 병력이었지만 다른 독립군 부대와 연합 작전을 펼치며 국경 지역에서 끊임없이 일본군을 괴롭혔다. 끈질기게 계속된 기습 공격에 일제도 가만있지 않았다. 군경을 총동원해 추격에 나섰고, I920년 6월 7일 일본 군경이 드디어 봉오동鳳梧洞으로 진군해왔다. 봉오동은 한반도 지도를 펼쳐놓았을 때 오른쪽 상단 맨 꼭대기 지점이라고 생각하면 된다. 홍범도 부대는 일본 군경이 이곳으로 들어올 것을 이미 간파하고 있었다. 적군을 골짜기로 유인해 가두었고 집중 공격을 퍼부었다. 항일무장투쟁의 최대 성과 중 하나가 그렇게 완성되었다. 같은 해 IO월 또 다른 승전의 봉우리가 이번에는 청산리靑山里에서 솟아올랐다. 홍범도는 김좌진과 함께한 이 전투에서도 제I연대장으로 맹활약했다. 전장에서 펄펄 나는 호랑이였다.

두 차례 전투에서 완패한 일본은 대토벌계획을 세우고 실행에 들어간다. 독립군을 잡기 위해 간도 지역에 거주하는 한인들을 무차별적으로 대량 학살했다. 항일단체, 학교, 교회 가릴 것 없었다. I92I년 4월까지 여섯 달 넘게 방화와 약탈이 계속됐고 수천 명의 한인들이 희생됐다. 이른바 '간도참변'이다.

나날이 세력을 확장해나가는 일본 제국주의에 맞서기 위해선 항일무장 조직들을 통합할 필요가 있었다. 각지에 흩어져 있던 한인 부대가 일본군을 피해 러시아 '자유시自由市', 스보보드니로 집결했다. 봉오동·청산리 전투 이듬해인 I92I년의 일이다.

수많은 전장에서 일본군의 총칼을 뚫고 살아남은 한인 독립군 용사들은, 그러나 허무하게도 서로에게 총부리를 겨누게 된다. 항일무장투쟁 역사에서 가장 큰 비극으로 기록되는 '자유시 참변'이다. 한인 부대의 통솔권을 둘러싸고, 크게 보면 두 개의 진영이 서로 맞붙었다. 러시아 극동공화국의 지원을 받은 이르쿠츠크파 고려공산당과, 사할린의용대와 연합한 상하이파 고려공산당 간의 대립이었다. 급기야 1921년 6월 28일 무력 충돌이 일어났고 사망자들이 속출했다. 기록마다 다르지만 최소 수십 명에서 최대 400명까지라고 전해진다. 항일 독립군이 항일 독립군을 죽인 동족상잔이었다. 자유시 참변 여파로 독립군 통합 노력은 물거품이 되었고, 독립의 열망으로 총을 들었던 청년들은 뿔뿔이 흩어졌다. 무장투쟁의 동력은 급속도로 쇠약해져 갔다.

이후 홍범도는 연해주 집단농장에서 일하며 한인 동포들의 권익 보호와 역량 강화에 힘썼다. 그러나 전장에서 싸울 수 없는 장군은 무언가 자기 삶의 고갱이가 없어진 듯한 느낌을 받았을 것이다. 야성을 잃어버린 만주벌 호랑이였다고 할까.

1930년대 일본은 만주 대륙을 본격적으로 침략하면서 거침없이 파시즘 체제로 들어섰다. 일본의 팽창에 위협을 느낀 스탈린은 1937년 연해주 한인들을 중앙아시아로 강제 이주시켰다. 한인들이 일본에 협조할 가능성을 차단한다는 명분을 내세웠고, 한인들의 자치 요구를 미연에 방지하려는 의도도 있었다. 수많은 항일 독립운동가들의 피와 숨결이 어려 있는 연해주를 뒤로하고 동포들은 하루아침에 카자흐스탄과 우즈베키스탄으로 향하는 열차에 몸을

1922년 1월 모스크바 극동민족대회에 참석한 홍범도 장군.
소련 최고지도자 레닌에게 받은 권총을 차고 있다.
출처: 홍범도기념사업회

실어야 했다. 그 수가 17만 명으로 추산된다. 홍범도 장군도 그중 한 명이었다.

이제는 너무 멀리 떨어진 조국의 해방 소식을 미처 듣지 못한 채 1943년 홍범도는 75세의 나이로 눈을 감았다. 장군의 마지막 직업은 극장 문지기였다.

7장

김원봉을
밀고한 부하,

그에게 수여된
건국훈장

김원봉만큼 논쟁적 인물은 없을 것이다. 어찌됐건 두 가지는 분명
하다. 첫째, 그가 수많은 독립운동가들 가운데 손꼽힐 만큼의 압도
적이고 혁혁한 공을 세운 사람이라는 것. 둘째, 경위야 어떻든 간에
그가 해방 후 북으로 넘어간 것은 사실이고, 최후가 어떠했든 간에
북에서 한때 고위직에 오른 것은 사실이라는 것. 이 두 가지 분명한
팩트 때문에 그는 언제나 논란의 주인공으로 호명돼왔다.

　대한민국 임시정부 수립 100주년을 맞은 2019년에도 언론에
가장 많이 오르내린 인물 중 한 명을 꼽으라면 단연 약산 김원봉일
것이다. 문재인 대통령은 현충일 추념사에서 "김원봉 선생이 이끌
던 조선의용대가 편입되어 마침내 민족의 독립운동 역량을 집결했
다"라고 말했다. 김원봉의 조선의용대가 광복군에 편입돼 오늘날
대한민국 국군의 모태가 되었다는 취지다.

김원봉이 항일운동에 누구보다 열정적으로 앞장섰던 부분을 강조한 것이었지만 해방 이후 월북해 북한 정권 수립에 기여한 것으로 알려진 김원봉에게 서훈을 주자는 거냐는 시비가 '또다시' 일각에서 일었다. 국가보훈처는 지금으로선 서훈 수여가 불가능하다며 선을 그었지만 논란은 쉽게 사그라지지 않았다.

김원봉을 둘러싼 논란이 어제 오늘의 이야기는 아니다. 광복 70주년이나 임시정부 100주년과 같이 역사적으로 의미 있는 해를 맞이할 때마다 김원봉을 재평가해야 한다는 목소리가 제기됐고, 거기에 대응해 북한 정권 수립에 기여한 사람에게 대한민국 서훈을 줄 수 없다는 반론이 마찬가지로 제기됐다. 논쟁과 대립은 반복됐다. 한편 이런 논란과 별개로, 〈밀정〉이나 〈암살〉과 같은 영화에서 김원봉이 비중 있게 다뤄지면서 대중적 인지도는 갈수록 높아져 갔다. 고향 경상남도 밀양에는 그를 추모하는 기념관이 들어섰고, 이에 대한 물리적 반대시위 같은 것은 없다. 어찌됐든 여기까지는 온 것이다.

일본이 가장 잡고 싶어 했던 의열단의 선봉장 김원봉. 직접적인 무장투쟁으로 일제에 맞선 그였던 만큼 일본의 두려움은 클 수밖에 없었다. 그가 창설한 의열단이 일제의 주요 감시망에 늘 올랐던 것은 당연했다.

2019년은 3·1운동과 임시정부 수립 100주년임과 동시에 의열

일제 감시 대상 인물 카드에 담긴 의열단원 6인의 사진.
앞줄부터 정이소, 뒷줄 왼쪽부터 이성우, 김기득, 강세우, 곽재기, 김원봉. 김익상의
사진을 오른쪽 아래에 덧붙여두었다.

단 창단 100주년이기도 하다. 1919년 김원봉은 고모부 황상규와 함께 청년들을 규합해 만주 지린吉林에서 항일 비밀결사단체 의열단을 결성했다. 당시 의열단의 창립 단원 절반 이상은 우당 이회영 선생이 세운 신흥무관학교를 졸업한 이들이었다. 상당수가 밀양 출신이었는데 의열단 창단을 기획하고 주도한 김원봉과 황상규 모두 밀양 출신이고 신흥무관학교를 졸업했다는 게 어느 정도 영향을 주었을 것이다.

내부에서는 의열단 단장을 형제들의 우두머리라고 해서 '의백'이라고 불렀다. 의열단이 1935년 민족혁명당 창당에 참여하면서 스스로 해체할 때까지 시종일관 의백은 단 한 사람, 김원봉이었다. 김원봉은 의열단의 항일무장투쟁을 처음부터 끝까지 이끌었던 총지휘자이자 상징과도 같은 인물이었다.

의열단 창단 이후 많은 단원들이 거사의 불꽃으로 타올라 세상과 작별했지만 오히려 세는 줄지 않았다. 1923년 단재 신채호 선생이 '조선혁명선언'을 의열단 이름으로 발표하자 전국 곳곳에서 청년들이 모이기도 했다. 국내뿐 아니라 중국과 일본에까지 이름을 떨친 의열단은 독립운동을 간절히 바라는 이들의 마음에 격동을 일으켰다. 초기 20여 명으로 시작한 의열단은 1923년 초 150명 수준으로 세를 불렸다.

비폭력 운동이라는 기조 아래 진행된 3·1운동에 일제는 잔인하게 무력 대응했다. 파리강화회의에 특사를 파견해 세계열강에 조선의 독립을 호소했지만 사실상 소용없었다. 단기적·가시적 성과의 유무만으로 독립운동을 평가해선 안 되겠지만, 이런 일련의 흐름 속에서 의열단은 새로운 방식의 운동이 필요하다고 판단했다. 비밀결사를 만들어 일제에 실질적 타격을 입히는 것. 조선총독부를 비롯한 일제 식민 기관들을 공격하고, 고위급 친일 인사를 처단해 일본을 조금씩 무너뜨리고 대내외에 독립의 의지를 꾸준히 알리겠다는 구상이었다.

의열단이 시도한 것으로 알려진 첫 번째 거사 계획은 사전에 발각돼 실패로 돌아갔다. 1920년 일제 기관을 공격하기 위해 폭탄 10여 개를 국내로 들여오고 단원들도 몰래 잠입했다. 하지만 서울 인사동에서 회의를 하던 중 일본 경찰의 급습으로 여섯 명이 체포됐다. 소규모로 은밀하게 진행한 거사였지만 일제의 감시망을 피하기가 쉽지 않았다.

의열단은 주춤하지 않았다. 1920년 9월 박재혁이 홀로 부산경찰서에 폭탄을 던져 서장을 처단했다. 그는 고서古書를 취급하는 상인으로 위장해 부산경찰서에 잠입하는 전술을 썼다. 책을 꺼내는 척하다가 서장 앞에서 미리 준비한 폭탄을 던졌다. 서장은 병원으로 이송되던 중 사망했고, 박재혁은 현장에서 체포됐다. 의열단으로서는 처음으로 성공한 거사였다.

같은 해 12월 밀양경찰서에서도 폭탄이 터졌다. 의열단원 최수

상하이 황포탄의 1920년대 모습. 1922년 3월 의열단은 이곳에서 일본 군부 다나카
대장 저격을 시도했지만 실패했다.

봉이 단독으로 결행한 거사였다. 밀양경찰서 조회 시간에 폭탄 두
개를 던졌는데 하나는 불발이었고, 다른 하나는 위력이 세지 않아
물리적 피해가 크진 않았지만 일제의 간담을 서늘케 했다. 최수봉
은 사형선고를 받아 교수대에서 생을 마감했다.

의열단의 활동 무대는 국내에 국한되지 않았다. 일제 요인이
있는 곳이라면 국내든 해외든 가리지 않았다. 1922년 중국 상하이

황포탄으로 입국하는 다나카 기이치田中義一 일본 육군대장이 표적이 됐다. 김익상, 오성륜, 이종암 세 명의 의열단원이 거사에 동참했다. 다나카 대장을 향해 총탄을 발사했지만 앞에 있던 서양 여성이 쓰러졌고 폭탄은 불발됐다. 결과적으로 실패한 거사였지만, 일제는 경계심을 바짝 높일 수밖에 없었다.

1920년대 의열단은 여러 차례 거사를 시도했다. 성공과 실패를 오가는 이런 일련의 과정들을 보면 한 가지 주목할 만한 점이 있다. 실패한 거사의 경우 대부분 여럿이 함께 도모했다는 사실이다. 앞에서 언급한 박재혁, 최수봉의 단독 거사는 일제에 발각되지 않고 최종 단계까지 실행할 수 있었다. 반면 여러 명이 함께 움직인 경우 마지막 단계에서 발각돼 실패하는 경우가 잦았다. 여러 명이 참여할수록 감시망에 걸려들 확률이 그만큼 높아지는 측면도 있겠지만, 의열단 안팎에 일제가 심어놓은 밀정이 사전에 거사 계획을 포착했을 가능성도 높다는 게 전문가들의 견해다.

일제는 항일운동의 중요한 축으로 자리 잡은 의열단을 가만히 두고 볼 수 없었다. 언제 어디서 발생할지 모를 의열단의 거사에 대비해야 했다. 의열단 내부 정보는 일제에 가장 필요한 고급 정보였다. 김원봉에게 현상금을 걸고 조선인 밀정을 대거 의열단 주변에 잠입시켰다.

의열단이 주로 활동하던 지역은 임시정부와 마찬가지로 상하이의 프랑스 조계지였다. 일제는 김원봉을 잡기 위해 수많은 경찰을 파견하고 프랑스 당국에는 김원봉 체포에 협조해줄 것을 줄기차게 요구했다.

그를 암살하려고 중국인들을 고용해 살인 청부를 한 기록도 확인된다. 1924년 1월 프랑스 공무국 경무처 정보문서를 보면, 상하이에 있는 일본총영사관이 매수한 중국인들이 공교롭게도 국제경찰에 체포됐는데 그중 권총을 갖고 있던 한 명이 "의열단장 김원봉을 살해하는 대가로 일본인들에게 600달러를 받았다"라고 진술한 내용을 확인할 수 있다.[1] 당시 언론 기사에 따르면 상하이 프랑스 조계에 있던 임시정부 월세가 70달러로 나온다. 중국인이 받았다는 600달러의 가치를 가늠해볼 수 있다.

변장과 은폐에 능한 김원봉도 일제가 자신을 호시탐탐 노리는 사실을 잘 알고 있었다. 곳곳에 은신처를 마련하고 한 곳에 오래 머무르지 않았다. 이동할 때는 항상 변장을 했고, 사용하던 가명이 10여 개에 달했다는 이야기도 전해진다.

취재진은 김원봉과 의열단에 잠입한 밀정의 흔적을 추적하기로 했다. 의열단 연구를 오랫동안 해온 대구대학교 김영범 교수에게서 핵심 단서를 얻을 수 있었다. 김 교수가 알려준 문서는 국내 학계에서 한 번도 다뤄진 적이 없는 일본 기밀문서다. 일제가 김원봉을 얼마나 면밀하게 감시하고 있었는지 보여준다. 다음은 1926년 일본 외무성 내부 보고 문건이다.

1   의열단 관계 문건(1924년 1월), 상하이 프랑스 조계 공무국 문서(낭트 소장 사료), 《한국독립운동사 자료 20권-임정편 V》(국사편찬위원회, 1991).

1926년 일본 외무성에서 작성한 문서들. 김원봉에 관한 정보가 담겨 있다.

군자금을 모집하기 위하여 다이쇼 14년(1925) 11월 28일 의열단
단장 김원봉과 함께 한커우漢口로 왔고 김원봉은 체류 1일째에
베이징을 경유하여 광둥으로 향하였습니다.[2]

누군가의 밀고다. 자신이 김원봉과 함께 중국 한커우로 왔다는
이야기다. 광둥으로 향했다는 김원봉의 이후 동선까지 전하고 있
다. 의열단장의 동선은 당연히 극비 사항이다. 밀고자가 김원봉 측
근이라는 것을 짐작하게 한다.

의열단 단장 김원봉은 러시아 정부와 선전비를 둘러싸고 교섭

2   의열단에 관한 건 1(1926년 2월), 〈조선인에 대한 시정관계잡건-일반의 부 1〉.

을 진행 중입니다. 이달 안으로는 선전비 일부를 받을 가능성이 있습니다.

광둥에 있는 황푸군관학교에는 재학생 1만여 명이 있습니다. 3년 동안 배운 뒤 러시아에 파견돼 소정의 학업을 마치면 선전원으로서 각지에 파견됩니다. 학생 중에는 40~50명의 조선인이 있으며, 평안북도 출신의 의열단원 25세 김용해도 그중 한 명입니다.

밀정의 밀고는 이렇게 항목을 가리지 않았다. 행적 하나하나가 철저히 비밀에 부쳐졌던 의열단 내부 정보가 일본 측으로 고스란히 들어갔다. 내부 관계자가 아니면 알 수 없는 정보다. 의열단의 재정 상태를 짐작할 수 있는 외부와의 협상 진행 상황도 적혀 있다. 실제 김원봉은 암암리에 러시아에 재정 지원을 요청하고 있었다. 일제로서는 전혀 알 수 없었던 내용이다.

밀정은 의열단의 투쟁 전략에 대해서도 소상히 전하고 있었다. 밀정이 보고한 문서에는 의열단원이 황푸군관학교에 입학했다는 내용도 나오는데, 실제로 김원봉과 의열단은 이 무렵 단발적인 의열 투쟁에 한계를 느끼고 투쟁 노선을 변경한다.

핵심 요인을 암살하더라도 새로운 사람으로 채워질 뿐 견고한 일본 제국주의는 흔들리지 않는 것을 보면서 의열단은 암살 위주의 의열 투쟁에는 한계가 있다고 느꼈다. 의열단은 정치조직으로 진화함과 동시에 군사활동을 이끌어갈 혁명 간부를 육성하기로 했다. 열정적인 단원 개개인의 의열 행동에 의존하는 방식이 아니라 집단적·군사적 대응 쪽으로 방향을 바꾼 것이다.

본부를 광저우로 옮기고 핵심 단원들은 황푸군관학교에 들어갔다. 황푸군관학교는 1924년에 설립된 군사 교육기관으로 중국 국민당과 공산당의 합작, 이른바 '국공합작'의 결실로 평가받는 곳이다. 제국주의와 봉건 군벌 타도를 목적으로 했다. 한국 독립운동 진영에서도 의열단원을 포함해 열혈 청년들이 입교해 무장 교육을 받았다. 김원봉도 그 가운데 하나였다.

의열단 내부 핵심 정보를 고스란히 알고 있는 밀정, 그는 일본 총영사관에 소속된 일본인 통역관의 지시를 받아 의열단에 잠입한 첩자였다.

일본총영사관 통역관 오다 미쓰루尾田滿의 지시에 따라 의열단에 가입해 상하이 동지들 사이를 왕복하며 오늘에 이르고 있습니다.

가장 극비였던 의열단의 총회 내용까지 보고됐다. 사무실 위치조차 알려지지 않은 의열단에 큰 타격을 입힐 수 있는 고급 정보였다.

상하이 프랑스 조계 31공학에서 의열단 총회가 개최될 것입니다. 참석자는 40~50명입니다.

상하이 프랑스 조계 31공학은 프랑스 조계지에 있던 한인 학교였다. 프랑스 당국의 관리를 받는 곳이라 일제가 급습하기 힘든 비교적 안전한 장소를 택했다. 감시망을 피하고자 회의 장소를 학교로 정했지만, 일제는 밀정 덕분에 속속들이 상황을 파악하고 있었다.

밀정은 누구였을까. 문서 추적을 이어갔다. 밀정의 정체와 관련한 핵심 정보가 나온다.

의열단 간부 중 김호라는 자가 얼마 전 출두했습니다. 그 사람 말에 따르면 자신은 상하이 주재 조선총독부 통역관 오다 미쓰루의 밀정으로 여비를 지급받아 의열단원들의 동정을 조사하려고 한커우로 왔다고 합니다. 의심할 만한 말이 없고 여비 지급을 요구하고 있습니다.

1926년 한커우에 있는 일본총영사가 외무대신에게 보고한 내용이다. 김호라는 의열단 간부가 찾아와 여비를 지급해달라고 요구하는데, 자신을 오다 미쓰루의 밀정으로 소개하고 있다는 내용이다. 한커우 총영사 입장에서는 조선총독부에서 관리하는 밀정을 일일이 다 알 수 없는 노릇이었다. 당연한 일이다. 각 기관별로 수많은 밀정을 고용하고 있는 데다가 보안 유지를 위해 자신이 관리하는 밀정을 다른 기관 사람은 물론 심지어 같은 기관의 사람과도 공유하지 않기 때문이다. 취재진이 입수한 이 보고서는 한커우 총영사가 김호라는 사람을 믿어도 좋을지 확인하기 위해 작성한 것이다.

김호는 돈을 타내기 위해 한커우 총영사관에 김원봉에 대한 온갖 정보를 토해냈다. 통상적으로 밀정은 자신을 고용한 사람에게만 정보를 보고하기 마련인데 돈이 급하게 필요했는지 한커우에까지 와서 정보를 불었다. 일본 입장에서는 김호가 의심스러운 인물은 아니라고 판단하면서도 한 번 더 신중히 확인할 필요가 있었다. 한커우 총영사는 이렇게 보고했다.

김호가 한커우에서 무엇을 했는가 조사해보니 밀수 혐의자들과 밤낮으로 도박을 했습니다. [...] 상하이에서 이곳으로 올 때 오다 미쓰루에게 여비로 100원을 받고, 그전에 50원을 받았는데 전부 써버리고 현재 한 푼도 남지 않았습니다. 한커우에 머물러도 할 수 있는 일이 없고 여비가 없는 탓에 떠날 수도 없다고 합니다. 그래서 지난달 31일 오다 미쓰루에게 여비를 보내달라고 부탁하고 이 돈이 도착하기를 기다리고 있습니다.

김호는 의열단원이자, 조선총독부 통역관 오다 미쓰루의 밀정
이자, 도박을 좋아하는 방탕한 사람이었다. 본적은 경상남도 하동,
본명은 김재영이다. 그는 국가보훈처 공훈록에서 공적 기록을 찾
아볼 수 있는 독립유공자였다. 의열단 활동과 청년동맹회에 참여
한 공적을 인정받아 1995년 건국훈장 애족장을 받았다.

1892년 7월 경남 하동군에서 태어난 김재영은 전남 구례공립
보통학교를 졸업한 뒤 경성에 있는 오성학교를 다녔다. 이후 하동
군청에서 일하다 6개월 만에 그만두고, 영어교습실을 잠시 운영하

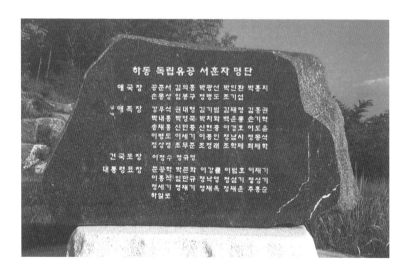

경남 하동군 하동독립공원에 있는 하동항일독립운동기념탑.
하동 독립유공 서훈자 명단 중 애족장 수여자에 김재영의 이름이 있다.

다가 1924년 4월 서울에서 중국으로 이주했다.

독립운동과 전혀 상관없는 삶을 살았던 김재영은 중국으로 간 뒤 상하이 청년동맹회에 가입했다. 청년동맹회는 임시정부계, 안창호계, 고려공산당 상하이파 등 좌파와 우파 청년들이 함께 참여해 만들어졌다. 청년동맹회에서 한인 청년들과 깊숙이 어울리기 시작한 김재영은 일본총영사관 순사부장 나카가와中川와 조선총독부 통역관 오다 미쓰루를 만나게 된다. 그때부터 서서히 정체를 탈바꿈해 밀정으로 활동하기 시작했다.

1925년 김재영은 오다 미쓰루의 종용으로 의열단에 가입하기 위한 작업에 들어간다. 우선 김원봉을 만나기 위해 다리를 놓아줄 만한 인물인 최림을 은밀히 접촉한다. 그의 소개로 김원봉을 만나 계획대로 의열단에 들어갈 수 있었고, 내부에서 취득한 정보를 일본 측에 넘기는 대가로 밀정비를 받으며 방탕한 생활을 이어갔다.

의열단원들과 친밀해진 김재영은 당시 김원봉 비서로 알려진 김병태의 집도 드나들었다. 의열단 아지트로 사용되던 곳이어서 자연스레 의열단원 정보를 더 쉽게 모을 수 있었다. 김재영이 밀정으로 활동하던 시기는 주로 1920년대 중반이다. 앞서 언급한 의열단과 김원봉의 동향 외에도 황푸군관학교에 입소한 다른 의열단원의 신상 정보까지 모조리 일제에 넘겼다.

이중생활을 계속하던 김재영은 정체가 드러날까 두려웠는지 여러 개의 이름을 사용했다. 당시 기록을 보면 김호, 김재영 말고도 김재형金梓澄, 김성일金聖逸, 金聖一, 김해파金海坡, 金海波, 김국향金國鄉, 김국경金國卿 등 다양한 이명을 확인할 수 있다.

밀정으로서 자신의 몸값을 올리기 위해 이리저리 뛰어다녔지만, 동료를 배신한 그의 삶은 파탄으로 치달았다. 1926년 이후에는 밀정으로서의 효용 가치가 없어진 듯 일제는 더 이상 밀정 김재영에 대한 기록을 남기지 않았다.

범법자로서의 기록은 군데군데 남아 있다. 1931년 한커우 일본총영사관은 김재영에게 총기와 아편 밀수, 금전 편취 등에 책임을 물어 3년간 중국에 입국할 수 없다는 체류 금지 처분을 내렸다. 1933년에는 경남 진주에서 마작 구락부(마작 클럽)를 경영했는데 이마저도 이듬해 폐업하고, 다시 중국으로 건너가 아편 밀매를 시도한 것으로 확인된다.

1935년 다시 국내로 돌아온 김재영은 거리를 배회하다 부랑자로 붙잡혀 유치장에 갇히는 신세가 된다. 그곳에서도 그는 다른 수감자에게 중국 항저우의 육군비행학교 입학을 주선해주겠다며 가짜 소개장을 써주기도 했다.

한국과 중국을 오가며 마약 밀매를 비롯한 각종 불법행위에 손댄 김재영의 기록은, 치안유지법 위반 혐의를 받고 국내로 송환된 뒤 기소유예 처분을 받은 것을 마지막으로 더 이상 나타나지 않는다. 이런 배신과 파탄의 삶을 살아온 그가 건국훈장을 받은 독립유공자로 우리 역사에 엄연히 삽입돼 있는 것이다.

취재진은 국가보훈처에 김재영이 어떻게 서훈을 받게 됐는지 문의했다. 후손이 서훈 심사를 신청한 게 아니라 국가에서 공훈을 발굴해 훈장을 수여한 경우였다. 물론 오래전 역사 속 인물들에 대한 서훈 심사가 완전무결할 수는 없다. 기록의 한계도 있을 테고 이제 많은 사람들이 세상을 떠나서 유의미한 증언을 구하는 것도 쉽지 않다. 그러나 그동안 대한민국 정부가 '말도 많고 탈도 많았던' 서훈에 대해 종합적 재검증을 수행하지 못해온 것도 분명한 사실이다. 뒤늦게나마 '또 다른 김재영'은 없는지 점검해봐야 한다.

김재영과 같은 밀고자가 주변에서 암약했지만 약산 김원봉은 해방을 맞기까지 죽음의 고비를 잘 넘겼다. 사실 김원봉과 김구 같은 핵심 인물들은 주변에 늘 밀정이 있을 가능성을 염두에 두고 활동했다. 잠시라도 긴장의 끈을 놓을 수 없는 고된 삶이었다. 1926년 황푸군관학교를 졸업한 김원봉은 장제스 국민혁명군에 참여했고, 1928년 상하이로 돌아와 항일투쟁을 이어갔다.

1935년 난징에서는 민족주의자와 사회주의자가 연합한 민족혁명당 창당을 주도한다. 그 세력이 상당했던 것으로 평가된다.

김원봉의 독립운동은 중일전쟁을 계기로 한층 가열된다. 임시정부의 한국광복군보다 2년 앞선 1938년에 조선의용대를 결성했다. 조선의용대는 중국 군사위원회 산하에서 활동한다는 제약 조건이 있었지만 실질적으로는 상당 부분 자율적인 독립운동을 펼칠 수 있었다. 자연스럽게 김원봉은 중국 내에서 김구와 함께 가장 비

조선의용대가 1939년에 제작한 것으로 추정되는 선전 영상. 영상 중간에 김원봉의 육성 연설이 담겨 있다. 이 영상은 중국 국민당 정부의 지원을 받아 제작한 것으로 알려져 있다.

중 있는 독립운동가로 자리매김했다. 조선의용대는 영상 선전물도 만들었는데 지금도 인터넷에서 찾아볼 수 있다. 김원봉의 다부진 목소리를 들을 수 있다.

앞으로 우리는 더 나아가 10여 만의 우리의 인민 동포가 있는 화북으로 가고 어제 의용대의 전투의 전과를 꼽고 꼽아서 우리 의 피 끓는 젊은 동무를 모집해 적의 무기를 빼 무장해서 만주 로 들어가 우리는 조선혁명군과 연합해서 우리의 조국으로 진

입하려 하는 것입니다. 그래서 우리는 이 동아에서 일본 제국
주의자를 완전히 구축하자는 것입니다.

아주 오래 전 인물로만 여겨질 수 있지만, 이렇게 동영상과 육
성을 직접 접해보면 활자 속 인물에만 머무는 게 아니라, 독립을 위
해 온몸을 바친 항일투사의 생동을 느낄 수 있다. 항일투쟁을 전개
하던 독립군 부대는 이름이 헷갈릴 정도로 여러 조직이 각 시대별
로 활약했다. 홍범도를 필두로 I920년 봉오동 전투에서 승전을 거
둔 대한독립군이 있었고, 그 이후에도 중국과 만주 지역에서는 한
국독립군, 조선혁명군, 조선의용대, 한국광복군, 조선의용군 등 여
러 군 조직이 활동했다. I929년에 조직된 조선혁명군은 남만주를
중심으로 활동했다. 김원봉은 항일 부대들이 연합 작전을 통해 한
반도로 진입하겠다는 야심찬 포부를 밝히고 있다.

　I940년대 태평양 전쟁이 막바지로 접어들며 일제의 패망이
예견되자 중국 내 독립운동세력의 통일은 시급한 문제로 떠올랐
다. 한국 독립군이 정식으로 연합군의 일원이 되기 위해선 연합국
승인을 받아야 하는데 좌우익을 망라한 통일체가 필요했다. 이런
배경에서 김원봉은 I942년 임시정부에 참가했고, 조선의용대는 임
시정부 산하 한국광복군에 편성됐다. 김구를 중심으로 모인 우익
세력에 김원봉이 동참해 잠시나마 통일전선을 형성한 셈이다.

　항일투쟁 역사에서 커다란 족적을 남긴 김원봉은 자신의 생애

를 독립운동에 바쳤지만 해방 뒤 월북했다는 이유로 남한에서 그 존재가 사라져갔다. 남쪽에 남은 가족들은 극심한 연좌제에 시달려야 했다. 한국전쟁 중 형제·사촌들은 국민보도연맹 사건으로 희생되고 말았다(국민보도연맹은 해방 이후 남한 내 '좌익 출신 전향자'들을 관리한다는 명목으로 생겨난 관변단체다. 한국전쟁이 발발하자 남한 정부는 국민보도연맹 가입자들을 잠재적 위험인물로 보고 무차별적으로 집단 학살했다. 사망자 수는 정확히 확인할 수 없지만 최소 수만 명 이상의 피해자가 생긴 것으로 추산된다).

경남 밀양시에 있는 의열기념관. 김원봉 생가 터에 마련됐으며, 의열단 관련 전국 최초의 기념관이다. 2018년 3월에 문을 열었다.

살아남은 형제들도 1961년 5·16 군사쿠데타 이후 군사혁명재판에서 무기징역을 선고받았다. 김원봉이 북한으로 떠난 순간부터 남쪽에 남은 가족들은 지옥 같은 나날을 견뎌야 했다.

세월은 그래도 모든 것에 풍화작용을 일으켜서 약산 김원봉의 공적을 있는 그대로 평가해야 한다는 목소리가 조금씩 힘을 얻기 시작했다. 이런 움직임 속에 2018년 김원봉의 고향 밀양에는 '의열기념관'이 들어섰다.

김원봉의 형제 11남매 중 막내는 그와 서른네 살 터울이 나는 여동생이다. 그녀가 낳은 아들, 그러니까 김원봉의 조카는 일가족이 겪은 비극의 파란 속에 홀로 보육원에 맡겨졌다가 1980년 미국으로 떠났다. 조카 김태영 씨다.

그가 자신에게 끔찍한 기억만을 남긴 고국으로 다시 돌아오기로 결심한 것은, 시대적 변화에 호응하려는 용기 있는 행동이었다. 한때는 '김원봉 핏줄'이라는 게 원망스러웠지만, 이제는 삼촌을 둘러싼 모든 역사를 덤덤히 받아들인 채로 그의 명예를 복원하기 위해 날마다 노력 중이다. 그것은 이미 개인적·혈연적 차원을 넘어서는 일이 되었다.

취재진은 의열기념관에서 김태영 씨를 만나 많은 이야기를 나누었다. 해방된 지 70년이 넘었지만 그의 친척들은 아직도 연좌제의 아픔과 상처를 가슴 깊이 갖고 있다고 했다. 의열단원이자 밀정

인 김재영의 정체를 알려줬을 때 그는 충격을 감추지 못했다. 밀고
자 김재영이 건국훈장을 받아 역사의 한 페이지에 기록돼 있다는
말을 듣고는 허탈감마저 느낀다고 했다. 대한민국 서훈 제도에 대
한 종합적 재평가가 필요하다는 의견을 다시금 강조했다.

김원봉은 1948년에 월북한 뒤 북한 최고인민회의 제1기 대의
원이 된다. 이후 최고인민회의 상임위원회 부위원장 등 고위직에
오른 건 분명하지만, 권력의 중심부에서 활동한 정치가라기보다는

김원봉의 동생인 고(故) 김학봉 여사의 차남인 김태영 씨가 의열기념관 앞에서 취재진과
인터뷰를 하고 있다.

행정 관료로 축소된 행보를 보였다는 평가도 있다. 그는 한국전쟁이 끝난 뒤인 1950년대 말 북한 내 불거진 권력 쟁투에서 숙청되었고, 그 이후의 행적은 알 수 없다.

국가보훈처는 3·1운동과 임시정부 수립 100주년을 맞아 역대 최대 규모로 독립유공자를 발굴·포상하겠다며, 서훈이 보류된 사회주의 계열의 항일운동가 298명에 대해서도 재심사를 하겠다고 밝혔다. 좌파 계열 독립운동가들을 평가하는 데 우리가 그동안 너무나 인색했다는 지적이 꾸준히 있어왔고, 최근 남북관계가 어느 정도 개선되었다는 점 등이 복합적으로 작용했을 것이다.

하지만 김원봉은 여기에도 포함되지 못했다. 현재 국가보훈처의 서훈 심사 기준을 보면 북한 정권 수립에 기여했거나 대한민국 정부 수립 이후 반국가 활동을 한 경우 포상에서 제외한다고 규정하고 있다. 정부는 심사 기준을 바꾸지 않는 한 심사 대상으로 올릴 수 없다는 현실론을 펴고 있다. 대통령은 공개석상에서 김원봉을 높이 평가하지만, 국가 차원에서는 공식적으로 인정할 수 없다는 것이다. 이런 모순된 상황을 해소하려면 심사 기준부터 바꿔야 하는데, 이를 위한 활발한 논의가 전개되지 않는 상황에서 김원봉은 예나 지금이나 '뜨거운 감자'로만 이따금씩 호명될 뿐이다.

의열단원으로 둔갑해 동료들을 밀고한 사람은 국가가 공인하는 독립유공자가 되어 있다. 일제가 가장 두려워했던 항일투쟁의 상징적 인물은 대한민국으로부터 훈장 하나 받지 못하고 온 가족이 이른바 '레드 콤플렉스'의 희생양이 되었다. 역사의 아이러니다.
이제라도 약산 김원봉을 재평가해야 한다는 목소리가 갈수록 높아
지고 있고, 우리 사회는 여기에 어떤 방식으로든 호응해야 할 시점
이 된 것 같다.[3]

3   〈서울신문〉이 국내 역사학자 25명을 대상으로 조사한 결과 "한국 독립운동사에
     서 재평가돼야 할 인물"로 김원봉이 1위(8명, 복수 응답)를 차지했다(2019년 2월
     25일).

8장

임시정부
비밀 자금줄,

경주 최부잣집

독립운동도 돈이 있어야 한다. 독립군에는 군자금이 필요하고 임시정부에는 운영비와 활동 자금이 필요하다. 당연한 이야기다. 김구 선생은 해방 뒤 이런 이야기를 남긴 바 있다. "상하이 임시정부 자금의 6할은 백산에게서 나왔다."

백산白山은 안희제安熙濟 선생의 호다. 그가 설립한 백산무역주식회사의 줄임말이기도 하다. 열악할 수밖에 없는 망명정부의 자금 사정에 숨통을 틔워준 게 안희제 선생과 백산무역주식회사였다. 일제의 감시망을 피해 주식회사의 외관을 띠면서 독립운동에 안정적으로 자금을 지원해주는 게 목적이었다. 안희제에게는 동지가 있었다. 말하자면 '사업 파트너'다. 가진 자가 갖춰야 할 사회적 책무, 노블레스 오블리주의 모범으로 꼽히는 경주 최부잣집 사람들이다. 최부잣집에서 대대로 전해 내려오는 가훈 중에는 이런 말이

경상북도 경주시 교동에 있는 경주 최부잣집 고택.
1970년 화재로 사랑채가 소실되었으나 현재 다시 복원된 상태다.

있다. "사방 100리 안에 굶어 죽는 사람이 없게 하라."

밀정 추적에 속도를 높이던 2019년 5월 민족문제연구소로부터 제보가 들어왔다. 경주 최부잣집 창고에서 다량의 사료가 발굴됐는데, 남다른 의미가 있는 것 같다는 게 골자였다. 김구의 증언처럼 최부잣집이 임시정부와 독립운동의 후원자 역할을 했다는 건 이미 잘 알려진 사실이다. 최부잣집 12대 종손 최준은 그 공로를 인정받아 1990년 건국훈장 애족장을 받았다. 이번에 발굴된 사료는 그런 사실을 한층 구체적으로 뒷받침할 '물증'이라고 할 만한 것들이었다.

경상북도 경주시 교동에 위치한 최부잣집 고택은 그야말로 고풍스럽고 아늑한 느낌을 준다. 고도古都를 찾은 관광객들이 들러볼 만한 장소로도 손색이 없다.

문제의 사료는 고택 한 편에 자리한 창고에서 우연히 발견됐다고 한다. 고택을 관리 중이던 '경주최부자민족정신선양회'가 창고 안에 있는 오래된 함을 열어보았는데 그 안에 조선시대와 일제강점기 때 작성된 자료들 수천 점이 사실상 방치된 채로 들어 있었다.

편지, 공문서, 명함, 책 등 종류도 다양했다. 어쩌다 이런 자료가 창고 구석의 함에 들어가 있었던 것일까. 사연이 있었다. 1970년 고

택 사랑채에 불이 나 급하게 방에 있던 자료들을 몽땅 밖으로 꺼냈
는데, 경황이 없다 보니 세세히 확인하지 못한 채 창고 함 속에 일단
넣어놓고 보관해왔다는 것이다. 가문의 보물이자 역사적 가치가
높은 사료가 될 줄은 후손들도 오랫동안 짐작하지 못했다.

　　취재진이 주목한 것은 아무래도 조선시대보다는 일제강점
기 때의 자료였다. 각종 계약서와 공문서, 서신, 최부잣집을 탐문하
기 위해 방문한 일본 경찰들의 명함까지 한가득이었다. 그 가운데
1922년에 작성된 '근저당권 설정 계약서'가 포착됐다.

사료가 발견된 최부잣집 창고.
취재진이 최창호 경주최부자민족정신선양회 이사와 창고 안을 둘러보고 있다.

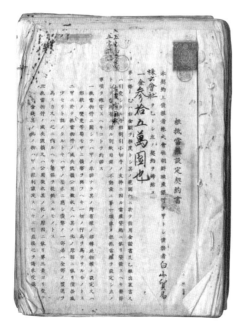

1922년 작성된 근저당권 설정 계약서. 최부잣집 종손 최준이 대표로 있는 백산무역주식회사가 조선식산은행으로부터 대출을 받은 내용이다.

　민족문제연구소 분석 결과 백산무역주식회사가 조선식산은행에서 35만 원을 대출받는다는 내용의 계약서였다. 35만 원은 현재 가치로 환산하면 200억 원에 가까운 거금이다. 계약 조항 8조에 "최준이 백산무역회사와 연대해 채무 이행의 책임을 다할 것을 약속한다"라는 내용이 담겼다. 최부잣집 종손 최준은 당시 백산무역주식회사의 대표이사였다.

　문서 뒷부분에는 대출을 위해 저당 잡힌 최부잣집 부동산 목록이 수십 쪽에 걸쳐 빼곡히 적혀 있었다. 경주와 울산 지역의 논밭

785필지다. 220만 제곱미터에 달하는데, 여의도의 75퍼센트 정도에 해당하는 면적이다. 임시정부에 자금을 대느라 경영 위기에 빠진 백산무역주식회사를 살리기 위해 최부잣집이 거의 전 재산을 걸어 은행 대출 보증을 서준 것이다. 최부잣집이 백산무역주식회사의 든든한 후원자이자 자금줄이었음을 명료하게 확인할 수 있는 자료다.

최부잣집은 한일병탄 전부터 경주 지역 국채보상운동을 주도했으며, 국권을 빼앗긴 뒤에는 대한광복회 활동을 하면서 독립운동을 꾸준히 지원했다. 이 때문에 처음부터 일제의 요시찰 대상이 될 수밖에 없었다. 일본 입장에서는 이른바 '반체제 성향'이 강한 최부잣집 사람들이 재력을 어떻게 활용하는가를 면밀히 감시해야 했다. 당연히 이 과정에도 밀정이 동원됐다.

다음은 상하이 임시정부가 수립된 직후인 1919년 5월에 작성된 일본 외무성의 기밀문서다. 밀정의 보고 내용을 토대로 작성됐다. 먼저 상하이 임시정부의 동향을 속속 전하고 있다.

상하이 조선인 임시정부가 프랑스 파리로 파견한 김규식이 상하이를 출발한 때는 3월 상순입니다. 그는 중국인으로 변장해 도항했습니다. 파리에 거주하다 중국에 들어온 중국혁명파 아무개의 부인이 선박권을 구입해주는 등 전적으로 힘써줬습니

大正八年　月十九日

五月十三日　騷密第二二一九號

獨立運動ニ關スル件・（國外日報第六十九號）

（五月十二日國外日報第六十七號續報）

上海方面　（當部密派員情報）

一、上海鮮人假政府ヨリ佛國巴里ニ派遣シタ距
金圭植（假政府外務總長）カ上海ヲ出發シタル
ハ二月上旬ニシテ支那人ニ裝ヒ渡航シタリ
ト而シテ同人ノ渡航ニ當リテハ當時歸國中
ナリシ巴里居住支那革命派某ノ婦人專ヲ同
旋ニ盡力レ乘船券ノ購入及支那人従者ノ雇
入等ヲ爲シ　クルモノナリト又巴里ニ於

1919년에 작성한 일본 외무성 문서. 제목은 '독립운동에 관한 건'으로 상하이 임시정부 수립 직후 조선인들의 동향이 담겨 있다.

다. [···] 중국혁명파와 임시정부의 관계는 관찰 중입니다. [···]
상하이 임시정부는 여기 있는 프랑스인 변호사를 한 달에 700
원의 보수를 주고 고문으로 고용했습니다. 이름은 확인 중입
니다.[1]

뒤이어 임시정부에 돈이 조달되는 경위를 보고하고 있다. 최부
잣집 종손 최준의 동생인 최완이 등장한다.

최근 상하이 임시정부에 송금된 돈은 미국에서 4천 달러, 평안
남북도 교회에서 8천 엔, 기타 성명 미상 개인으로부터 온 2천
엔 등입니다. 각 지역에서 송금된 금액은 약 10만 엔인데 지출
도 많아서 현재 여유가 없는 듯합니다. [···] 독립을 믿고 자세한
상황을 볼 목적으로 상하이로 온 자가 약 천 명에 달합니다. 이
들 인물은 모두 특정 지방 또는 단체를 대표하거나 혹은 다소
여유가 있는 자로 상당한 현금을 소지하고 있습니다. 실제로
경상북도 경주 부호 최준의 남동생 최완은 현금 2만 엔을 소지
하고 있습니다.

최완은 최부잣집 3남이다. 2만 엔은 현재 가치로 10억 원 이상
으로 추정된다. 각 지역에서 얼마가 들어왔는지 구체적인 액수까
지 속속 파악하고 있다. 밀정이 임시정부 안팎에 밀착하지 않고서

---

1   독립운동에 관한 건(1919년 5월), 소밀(騷蜜) 제2219호, 〈불령단관계잡건-조선
인의 부-상하이가정부 1〉.

는 확인할 수 없는 내용이다.

최완은 1909년 안희제, 이원식, 서상일 등 80여 명의 동지들과 함께 국권 회복을 목적으로 한 비밀 청년단체 대동청년당^{大東靑年黨}을 조직해 지하에서 독립운동을 전개했다. 상하이 임시정부 수립에 참여했고, 임시정부 재무부위원에 선출됐다. 임시정부 조사원과 의정원 의원을 역임했다. 대한민국은 1990년 최완에게 건국훈장 애족장을 수여했다.

최부잣집 장남 최준은 백산무역주식회사를 주도하며 돈을 모았고, 동생은 중국으로 건너가 직접 임시정부의 독립자금을 담당했다. 국권을 상실한 나라에서 부자가 무엇을 해야 하는지를 정확하게 보여준 형제였다.

1889년에 태어난 최완은 1927년 젊은 나이에 운명을 달리했다. 이와 관련해선 비극적인 이야기가 전해진다. 일본인 경주경찰서장이 최부잣집에 들락거리면서 최준에게서 붓글씨를 배웠다고 한다. 최준은 초서를 잘 쓰기로 유명했다. 글씨를 그에게서 배웠으니 경찰서장도 비슷한 서체를 가질 수 있었다. 최준의 필체를 흉내 내서 쓴 편지를 상하이에 있는 최완에게 보냈다. 아버지가 위독하니 잠시 다녀가는 게 어떻겠느냐는 내용이었다. 최완은 계략에 걸려들었고 결국 일경에게 체포되었다. 그는 고문과 오랜 망명 생활의 후유증으로 젊은 나이에 세상을 뜨게 됐다.

최준은 해방 후 남은 재산을 모아 대구대학교[2]를 설립했다.

---

2   현재 경북 경산시에 있는 대구대학교와는 다른 대학이다.

1964년 학교의 장기적 발전을 도모하기 위해 삼성 이병철 회장에게 운영권을 넘겨줬는데, 최준의 꿈은 얼마 가지 못하고 무너진다. 박정희 정권과 삼성의 반강제적 합의로 대구대와 청구대를 통합해 영남대학교가 출범하게 된 것이다. 사실상 박정희 정권이 대구대를 강탈한 게 아니냐는 비판이 나오는 대목이다.

알다시피 영남대학교는 그동안 언론에 많이 오르내렸다. 박근혜 전 대통령이 한때 이사장으로 있었고, 최태민 일가의 측근들이 실권을 장악하기도 했던 곳이다. 대학 공공성을 훼손하는 각종 사학비리로 오랜 기간 논란과 물의를 빚었다. 설립자 최준이 당초 구상했던 것과는 너무나 거리가 먼 모습이었다.

최준 선생은 1970년에 별세했다. 손자 최염 씨는 고령의 나이에도 비교적 활발한 활동을 이어가고 있다. 영남대학교를 바로잡겠다는 운동이다. 그는 영남대학교가 특정 개인의 것이 아닌 대구시민과 경북도민의 것이라고 강조한다. 대학의 본질이 거기에 있다고 성토한다. 할아버지와 손자는 많이 닮았다.

9장

식민지 권력자가 내린 지령

"대한민국 임시정부를 파괴하라"

2007년 일본 도쿄에서 오래된 문서가 발견되었다. 한국 역사학계에 큰 파장을 일으켰다. 1919년 조선군사령관이었던 우쓰노미야 다로宇都宮太郎 대장이 쓴 일기로 당시 일제의 식민 지배가 어떻게 작동했는가를 다각도로 보여주는 기록이었다. 일기에는 일제가 저지른 만행이 구체적으로 담겨 있었다. 특히 국내 언론의 관심을 끈 대목은 3·1운동 이후 발생한 대표적인 학살, '제암리 사건'에 대한 서술이었다.

1919년 3월 만세운동은 한반도를 뒤흔들었다. 전국 각지에서 벌어진 독립운동은 3월에 이어 4월까지 일제의 탄압에 굴하지 않고 계속됐다. 경기도 수원군 제암리, 지금의 경기도 화성시에 속하는 이곳에서 끔찍한 학살이 벌어졌다.

1919년 4월 15일 일제는 만세운동에 참여한 제암리 주민들을 교회당에 모이게 했다. 출입문을 모두 막은 뒤 안에 있는 주민들을 향해 집중 사격했다. 그러고는 만행의 흔적을 숨기기 위해 교회당에 불을 질렀다. 총격에서 가까스로 살아남은 사람들마저 모두 불에 타 숨지고 말았다. 주민 30여 명이 희생됐다.

오래도록 은폐될 수도 있었던 제암리 학살을 세상에 알린 사람이 있었다. 당시 한국에 거주하고 있던 캐나다 출신 선교사 스코필드Frank William Schofield(한국명 석호필, 1968년 건국훈장 독립장)였다. 그는 현장으로 달려가 사건을 취재했다. 목격자의 증언과 사진을 토대로 '제암리 대학살The Massacre of Chai-Amm-Ni'이라는 제목의 보고서를 작성했고, 외신들이 이 사건을 보도할 수 있도록 했다. 이는 중국 상하이에서 발행되던 영자 신문 〈상하이 가제트The Shanghai Gazette〉 5월 27일자에 실렸다.

외신 보도가 있었음에도 일제는 제암리 학살을 부정했다. '살인과 방화는 없었다'라고 공식 발표했다. 하지만 100년 가까이 지나 발견된 일본군 총사령관의 일기에는 일제의 뻔뻔한 거짓말이 고스란히 담겨 있었다. 다음은 1919년 4월 18일자 일기다.

서울 남방에서 일본군이 약 30명을 교회에 가두고 학살, 방화했다. 사실을 사실대로 하고 처분하면 간단하지만 학살, 방화

경기도 화성시 향남읍 제암리의 한 민가가 불탄 모습.
프랭크 스코필드 선교사가 1919년 4월 17일 현장을 찾아 촬영했다.
출처: 독립기념관

를 자인하는 꼴이 돼 일본 입장에 심대한 불이익이 된다. 이 때
문에 간부회의에서 조선인들이 저항해 살육한 것으로 하되 학
살, 방화 등은 인정하지 않기로 결정했다.[1]

일제는 학살에 관여한 일본군 중위의 처벌을 논의하는 자리에
서 이렇게 허위 발표하기로 결정했고, 그를 30일간 근신 처분하는
것으로 마무리했다.

일제는 스스로를 동아시아의 패권자로서 전 세계 열강과 어깨

---

1   《일본육군과 아시아정책 육군대장 우쓰노미야 다로 일기》 3권(우쓰노미야 다로
      관계자료연구회 편, 도쿄: 2007). 이하 인용된 일기는 출처 동일.

를 나란히 한다고 생각했기 때문에 세계의 이목을 신경 쓰지 않을 수 없었다. 은폐 시도에도 불구하고 국내외의 비난이 높아지자 난 관을 타개할 방법을 찾아야 했다. 궁여지책으로 조선 통치의 총책 임자인 하세가와 요시미치長谷川好道 조선총독을 불명예 퇴진시켰다. 그리고 노회한 정치가인 사이토 마코토齋藤實를 조선총독으로 임명 해 사태를 무마하기로 결정했다.

당시 전국에서 일어난 만세운동을 무력으로 진압하는 데는 한 계가 있었다. 3·1운동을 기점으로 상하이에서 임시정부가 수립됐 고, 의열단도 곳곳에서 거사를 일으켰다. 강압적 무력통치만으로는 독립운동의 의지를 소멸시키지 못한다는 것을 일제 통치자들은 깨 달았다. 그들은 무력 진압이 아닌 새로운 통치 전략을 모색하기 시 작했다. 우쓰노미야도 일기에 "3·1운동으로 표출된 독립 요구 목소 리에 어설픈 논의로는 대항할 수 없다"라고 적었다.

일제는 이른바 문화통치로 전환하면서 조선에 대한 유화책을 펴겠다고 공표했다. 그러나 속셈은 따로 있었다. 독립운동 내부를 분열시키고, 항일운동가들을 일제 편으로 전향시키는 데 집중하기 로 한 것이다. 이를 위해 독립운동 진영 안팎에 밀정을 심고, 독립운 동가들을 대상으로 공작을 펼치기 시작했다. 이 과정을 주도한 인 물 중 하나가 바로 우쓰노미야 다로 조선군사령관이었다.

우쓰노미야 다로 조선군사령관은 1918년부터 2년 동안 조선 에 머물렀다. 그는 사이토 총독에 이어 한반도 내 권력 서열 2위였

우쓰노미야 다로 조선군사령관.
출처: 《우쓰노미야 다로 일기》 3권

다. 그의 목표는 상하이 임시정부를 초기에 무너뜨리는 것, 그의 표현을 빌리자면 '절붕絶崩'시키는 것이었다. 독립운동가를 밀정으로 포섭해 활용하는 것이야말로 가장 효과적인 전략이라고 판단했다.

2007년 당시 언론에 일부 공개된 그의 일기를 보면 상당히 구체적이고 꼼꼼하다는 사실을 알 수 있다. 우쓰노미야가 본격적으로 일기를 쓰기 시작한 것은 1900년부터인데 조선군사령관 시절을 포함해 15년 동안이나 세세하게 기록을 남겼다. 그의 일기를 본

학자들은 단순히 개인 일상과 감상평을 담은 수필 수준이 아니라 기록의 성격이 강한 사료로 봐야 한다고 입을 모았다. 업무와 관련된 내용을 꼼꼼하게 기록했고, 필요한 자료가 어떤 것인지를 마치 업무 보고서를 쓰듯 상세히 적었다.

일본에서도 그의 일기에 대한 연구 작업이 시작됐다. '우쓰노미야 다로 연구회'에서 방대한 분량의 일기를 세 권에 걸쳐 출간했다. I권은 1907년부터 1911년까지, 2권은 1912년부터 1916년까지, 마지막 3권은 1918년부터 1921년까지의 기록이다.

1919년 3·1운동 이후 작성된 그의 일기에는 당시 독립운동가들을 회유하려는 정황이 상세히 담겨 있다. 우쓰노미야는 자신의

조선군사령관 우쓰노미야 다로의 일기. 조선군사령관 재임 시절을 포함해 1907년부터 1921년까지 약 15년 동안 작성됐다.

집무실에 한국인을 불러들인 일화를 자세히 적어놓았다.

5월 10일 토요일, 비
야마토 마사오大和正夫, 오늘 출발. 도쿄에 들러 상하이로 귀임하
던 중에 고별. 이 사람에게 부탁하여 옛 지인인 조선인 김상설
金相卨에게 금 100엔을 기밀비에서 지급함. 이 사람은 망명하여
상하이에 있으며 야마토를 위해 활용되고 있다고 한다.

상하이에서 활동하는 한국인 김상설에게 기밀비 100엔을 지
급했다는 내용이다. 김상설은 '친일반민족행위자 명단'에도 포함돼
있는 친일파다. 일본 육군사관학교 출신으로 경찰이 되려고 했지
만, 범죄에 연루돼 상하이로 망명 간 상태였다. 그도 우쓰노미야가
관리하던 사람 중 한 명임을 알 수 있다. 김상설은 이후에도 종종 일
기에 등장한다.

9월 6일 토요일, 맑음
무역상 시부카와渋川雲岳라는 사람이 찾아왔다. 내 옛 지인으로
상하이에 망명 중인 조선인 김상설(초명 김봉석金鳳錫)이 배일排日
거두巨頭 김복金復을 데려와 내 옛 성의에 보답하고 이로써 과거
의 죄를 속죄하고 싶다고 했다 한다. 시부카와 함께 규슈까
지 와서 숨어 있다고 한다.

　요약하면 김상설이 김복이라는 사람을 우쓰노미야에게 데려와 성의를 보이고 싶어 한다는 내용이다. 김복을 데려오는 것이 왜 성의에 대한 보답일까. 김복이란 이름 앞에 붙은 '배일 거두'라는 표현을 통해 유추해볼 수 있다. 배일 거두는 일본에 반대하는 사람들 중에서도 거물급 인물을 뜻한다. 유명한 독립운동가라는 뜻이다. 독립운동가를 회유하는 데 공을 들이던 우쓰노미야에겐 더없이 좋은 기회가 찾아온 셈이다. 이후 일기를 보면 김복과 우쓰노미야의 만남은 한 달 뒤에 성사됐다.

10월 2일 목요일, 맑음
약속한 김상설, 시부카와가 김복을 데리고 찾아왔다. 김복은 "독립은 자력으로 실현 불가능하다고 믿으며 독립이란 결국 동포를 구하는 것에 있으며 희망 없는 독립운동은 갈수록 동포를 궁지에 몰아넣을 것이다. 이는 심히 참을 수 없는바, 독립의 희망이 없다면 차선을 선택하여 동포를 구해야 한다. 미국에 의존한다면 그 대우는 일본에 의존하는 것보다 극히 나쁠 것이다. 오늘날 동아東亞라는 대세 때문에라도 일본에 의존해야 한다"라고 말했다.

　김복은 김상설과 함께 우쓰노미야를 찾아왔다. 그리고 위와 같이 말했다. 독립운동은 오히려 한민족에게 해가 되므로 현실적으로 불가능한 독립운동을 버리고 일본에 의존해야 한다는 논리다. 일본인 통치자가 듣기에 좋아할 만한 이야기다. 우쓰노미야와 김복의 만남은 계속됐다. 우쓰노미야는 김복을 노골적으로 회유하기 시작했다.

10월 4일 토요일, 흐림
김복, 김상설(시부카와는 사정이 있어 불참), 오노 도요시大野豊四를 초대하여 만찬을 함께 하고 환담을 나누었다. 기밀비 중에서 김복에게 노모를 위한 선물로 금 100엔, 김상설에게 금 50엔의 용돈을 주었다.

우쓰노미야는 김복의 환심을 사기 위해 돈을 준다. 100엔은 당시 일반 관리의 4~5개월치 월급이다. 분명히 적지 않은 돈이다. 게다가 돈의 출처는 밀정에게 지급되기도 하는 '기밀비'였다. 김복은 돈을 받고 고향에 다녀온 뒤 다시 우쓰노미야 관저를 찾았다.

10월 9일 목요일, 맑음
김복, 김상설이 관저로 찾아왔다. 김복은 크게 감동한 듯하고 노모도 울며 기뻐했다고 한다. 선물 값으로 준 100엔으로 노모 옷을 구입했고, 나머지는 그대로 어머니에게 줬다고 한다. 어머니는 왕의 하사품 대하듯 옷을 받았으며 돈을 쓰면 아깝다며 송아지를 사서 키운다고 한다. 노모는 감과 대추를 보내 감사의 뜻을 표했다. 말에서 성의가 드러나 나도 진심으로 기뻤다. 동아東亞을 위하여 함께 진력하자는 나의 격려에, 결심한 듯한 말과 얼굴빛을 보이며 실행으로 답하겠다고 했다. 확실하게 손에 들어온 느낌이 든다.

'손에 들어온 느낌'이라는 표현이 눈에 띈다. 우쓰노미야는 김복을 밀정으로 활용하기에 손색이 없다고 판단한 것 같다. 수차례 교류를 통해 친밀감을 확실히 쌓았다고 여긴 걸까. 다음 날 우쓰노미야는 임무를 내린다.

10월 10일 금요일, 맑음
김상설, 김복(본명은 김규흥이라고 한다)의 사업(상하이 임시정부의 파괴, 안팎의 독립파를 개심)에 대해 상의하러 온바, 지시하였다.

김복의 본명은 김규흥金奎興이다. 김복과 김상설에게 내린 지시는 두 가지다. 상하이 임시정부를 파괴할 것, 독립운동가들을 개심, 즉 바르게 고쳐놓을 것. 김복은 상하이로 떠날 준비를 한다. 사전에 우쓰노미야와 만나 계획을 논의한 정황이 보인다.

10월 16일 목요일, 맑음

김복을 초대하니 김상설과 함께 3시 반에 찾아왔다. 얼마 전에 상의한 상하이 임시정부를 무너뜨리는 일에 대하여 협의했다.

이후에도 김복과 우쓰노미야는 여러 차례 만나 계획을 논의했다. 그리고 1919년 10월 28일에 김복은 임무를 수행하기 위해 상하이로 떠났다. 배일 거두라고 표현된 김복, 아니 김규흥은 누구일까.

김규흥은 독립운동가로 우리 역사에 기록돼 있다. 1872년 충청북도 옥천에서 태어났으며, 고종의 밀명을 받고 중국 아청은행에 있는 비자금을 찾아 무관 양성학교를 세우기 위해 중국으로 떠났다고 기록돼 있다. 이 과정에서 발각돼 6개월 동안 옥고를 치르기도 했다.

1922년에는 흥화실업은행을 설립해 독립운동에 필요한 군자금을 모집하고자 했다. 만주 주변 토지를 매입해 항일세력과 군사단체들을 모아 농장을 운영하면서 병력도 양성하려고 했다는 기록이다. 그러나 자금난에 시달리면서 은행은 금방 문을 닫았고, 계획은 실패하게 된다. 1936년 중국 톈진에서 65세의 나이로 생을 마감한 것으로 알려져 있다.

대한민국 정부는 그가 독립운동 자금을 모으기 위해 활동한 공로 등을 인정해 1998년 건국훈장 애국장을 수여했다. 현재 대전 국립현충원에 안장돼 있다.

범재 김규흥
출처: 국가보훈처

　우쓰노미야와 수차례 만나 지령을 전달받고 계획을 함께 논의한 그의 행동은 명백히 '이상 행적'이자 '친일 의심 행적'이라 평가할 만하다. 김규흥이 건국훈장을 받은 것은 1998년이다. 우쓰노미야 다로의 일기가 세상에 공개된 것은 그보다 9년 뒤인 2007년이다. 만약 문제의 일기가 훨씬 전에 공개되었다면 김규흥은 독립유공자가 될 수 있었을까. 취재진은 김규흥 기념사업회의 의견을 들어보기로 했다.

　기념사업회 측은 우쓰노미야 일기에 나온 내용을 이미 알고 있었다. 일기 내용 자체를 부정하진 않았지만, 모든 게 김규흥의 전략이라고 주장했다. 김규흥은 은행을 설립하는 데 자금이 필요했고, 이를 얻어내기 위해서 우쓰노미야를 속인 것이라는 이야기였다. 우쓰노미야가 김규흥을 이용한 게 아니라 김규흥이 우쓰노미야를 역이용했다는 논리다. 돈을 타내기 위해 앞에서는 우쓰노미야를 위해 일하는 척하고, 그가 좋아할 만한 이야기를 일부러 늘어놓았다는 주장이다.

실제로 김규흥은 우쓰노미야와의 만남 이후인 1920년대 초 중국에서 흥화실업은행을 설립하고자 노력했다. 은행을 통해 독립운동 자금을 모은다는 원대한 계획은 결국 실패로 돌아갔지만, 그가 우쓰노미야와 만난 이후에도 은행을 설립하기 위해 활동했던 것은 사실이다. 이런 이력을 근거로 '김규흥이 우쓰노미야를 역이용'했다는 것이 기념사업회 측의 주장이다.

기념사업회는 김규흥의 변절이나 친일, 또는 밀정 혐의를 이야기하려면 더 명확한 물증이 있어야 한다고 주장했다. 그러니까 우쓰노미야가 쓴 일기에만 의존할 게 아니라 김규흥이 일본 측에 어떤 정보를 넘겼는지를 보여주는 구체적인 자료가 나와야 한다는 것이다. 결국 김규흥이 우쓰노미야의 지령을 받고 상하이로 넘어간 뒤의 행적을 추적할 필요가 있었다.

김규흥이 상하이로 간 이후에도 그의 이름이 우쓰노미야의 일기에 등장한다. 상하이로 떠나고 한 달 뒤인 11월 27일, 김규흥에게서 편지가 도착했다고 쓰여 있다.

11월 27일 목요일, 맑음

김복(상하이)이 회유 경과를 보고하고 비용 서류가 도착했다. 김달하金達河의 안건은 승낙할 수 없다고 보류하고 비용은 어떻게든 융통해보라고 권했다. 또 일시적으로 김상설을 상하이로 파견할 것을 권했다.

우쓰노미야가 지시한 '독립운동가 개심 또는 회유'에 대한 경과를 보고하는 편지, 그리고 비용 서류가 도착했다는 내용이다. 아쉽게도 일기에는 김규흥에게서 편지가 왔다고만 적혀 있을 뿐, 구체적인 편지 내용은 쓰여 있지 않다. 우쓰노미야가 승낙하지 않았다는 '김달하의 안건'이 무엇인지도 알 수 없다.

이듬해인 1920년 1월, 김규흥은 또 한 차례 편지를 보냈다. 우쓰노미야는 사이토 총독과 함께 이 편지 내용을 논의했지만, 역시나 편지 내용이 무엇인지에 대해서는 기록하지 않았다.

2월 7일 토요일, 맑음

오후 김상설이 김진홍金鎭弘과 함께 찾아왔다. 김진홍은 김복의 조카로 18세, 일본어에 능통하다. 김복의 노모에게 작은 선물을 보냈기에 그 답례를 위해 멀리 용산까지 왔다고 한다. 주소는 옥천 근방이라고 한다.

김상설이 이번엔 김복의 조카인 김진홍을 데리고 찾아왔다는 내용이다. 김규흥의 노모에게 선물을 보냈기에 그에 대한 답례로 조카가 옥천에서 서울 용산까지 찾아왔다는 이야기다. 이것이 우쓰노미야 일기에서 김복이 등장하는 마지막 기록이다.

우쓰노미야 일기가 공개된 이후 국내 학계에서는 김규흥의 밀정 논란이 일었다. 충북대학교 사학과 박걸순 교수는 〈옥천 지역 근대의 기억과 독립운동가〉(2016)라는 논문에서 김규흥의 행적에 논란의 소지가 있다고 하면서 우쓰노미야 일기가 사실이라면 김규흥을 재평가해야 하는 불행한 상황이 올 수 있다고 지적했다.

상하이로 간 김규흥은 과연 우쓰노미야의 지령을 수행했을까? 그가 보낸 두 통의 편지에는 어떤 내용이 담겨 있었을까? 김규흥 기념사업회 측도 이 편지에 대해서는 아는 바가 없었다. 취재진은 세상에 공개된 적 없는 이 편지를 추적해보기로 했다. 김규흥에 대한 좀 더 정확한 평가를 위해선 일기 내용과 비교 분석할 만한 편지를 입수하는 게 중요하다고 판단했다.

우쓰노미야 일기 원본은 현재 그의 후손들이 보관하고 있는데, 일기 외에도 그가 수십 년에 걸쳐 주고받은 각종 서신들을 소장하고 있는 것으로 확인됐다. 혹시 김규흥이 보낸 편지도 포함돼 있지 않을까. 취재진은 우쓰노미야 후손 측에 협조 요청을 보냈다. 하지만 반응은 냉담했다. 경색된 한일관계 때문인지 후손들은 일체 취재에 응할 수 없다고 답해왔다.

그런데 2019년 7월 문제의 편지를 국내의 한 역사학자가 입수했다는 제보를 받았다. 부산대학교 한국민족문화연구소 배경한 교수였다. 배 교수는 김규흥의 독립운동 행적을 사실상 처음 발굴한 학자다. 2011년 중국사학회에서 주최한 신해혁명 100주년 기념 학회에서 〈신해혁명과 한국—한인지사 김규흥의 광동 활동을 중심으로〉라는 제목의 논문을 발표하기도 했다. 김규흥이 중국 신해혁명(1911) 당시 한국인으로서 기여한 점을 평가하는 내용이다.

부산대학교에서 취재진을 만난 배 교수는 김규흥이 우쓰노미야 다로에게 보낸 두 통의 편지를 가지고 있다고 말했다. 원본은 아니지만, 일본에 있는 우쓰노미야 다로 연구회로부터 사본을 제공받았다고 설명했다. 배 교수는 편지를 공개하기에 앞서 매우 조심스러워했다. 우쓰노미야 후손 측 동의를 받지 않았기 때문에 원본 전체를 촬영하는 것은 불가능하다고 했다. 다만 편지 내용은 공개했다.

김규흥이 상하이에서 첫 번째 편지를 보낸 날짜는 1919년 11월 21일이다. 이 편지를 우쓰노미야는 11월 27일에 받았다. 두 번째 편지는 같은 해 12월 20일에 보낸 것으로 나와 있다. 배 교수가 알려준 편지 내용은 충격적이었다.

김규흥은 여러 차례에 걸쳐 조선과 일본이 하나임을 뜻하는 이른바 '일선융화'를 강조했다.

190

김규홍이 직접 쓴 편지. 봉투 가운데 '우쓰노미야 군사령관 각하'라고 쓰여 있다.

일선융화를 해야 합니다. 둘 중 한 가지 방법으로 조선을 다스려야 합니다. 하나는 조선 왕실을 부활시켜서 내각을 두는 방법, 다른 하나는 필리핀식 자치제입니다. 일본이 외교권과 국방권을 갖고 한국인이 자치권을 갖도록 하는 것입니다. 황인종끼리 뭉쳐야 합니다. 서양에 맞서 일본 중심의 동아시아를 만들어야 합니다.[2]

비판적으로 지적할 만한 대목임엔 틀림없다. 물론 김규홍을 옹호하는 측에선 일종의 '속임수'라고 주장하고 싶을 테지만, 어찌됐

2 김규홍이 우쓰노미야에게 보낸 편지(배경한 부산대 한국민족문화연구소 교수 제공).

건 그의 주장은 친일파의 전형적인 논리와 다르지 않다.

　김규흥은 상하이 임시정부 요인들의 동향을 보고하면서 그들을 회유하기 위해 거액의 돈이 필요하다고 말했다.

　상하이 임시정부에 요원이 200명인데 현재 60명으로 줄었습니다. 이 가운데 극렬분자는 40명에 달합니다. 이들을 회유하기 위해선 20만~30만 엔이 필요합니다. 임시정부를 해산시키고, 그로 인해 조선과 일본을 안정시키는 게 계책입니다. 저는 각지의 독립운동가들을 베이징으로 모아서 조선으로 돌아갈 계획을 갖고 있습니다.

　뒤에서 다시 언급하겠지만 '독립운동가들을 베이징으로 모아서 조선으로 돌아갈 계획'이라는 대목에 주목할 필요가 있다. 이것이 우쓰노미야가 내렸던 두 번째 지령, 즉 '독립운동가 개심'에 해당하는 부분일 텐데, 김규흥의 측근이자 동료가 실제로 그런 시도를 했다는 게 확인되기 때문이다. 그는 김달하다. 우쓰노미야 일기에도 등장했던 인물이다.

　김달하를 중요한 자리에 써서 큰일을 맡게 해야 합니다. 그를 후하게 대하고 환심을 얻어야 합니다. 김달하에게 활동비 3만 엔을 주고 저에게도 2만 엔을 주시기 바랍니다.

김달하는 누구인가? 1925년 비밀 항일단체 다물단多勿團에 의해 처단된 인물이다. 일본의 밀정으로 지목됐기 때문이다. 이 결정적 사건에 김창숙(1962년 건국훈장 대한민국장)이 있었다.

심산 김창숙은 건국훈장 가운데 가장 높은 1등급인 대한민국장을 받은 사실에서 짐작할 수 있듯, 한평생을 조국을 위해 헌신한 인물이다. 성리학자 출신으로 일찌감치 항일의 길로 들어선 그는 비타협적 원칙주의자로 살았다. 자신의 꼿꼿한 성품을 그때그때 유연하게 절충하기보다, 성품이 시키는 대로 원칙에 어긋나는 일

심산 김창숙 선생(1962년
건국훈장 대한민국장).
김달하의 '귀국 종용'을
듣고 이 사실을 동료들에게
폭로했다.

을 비판하고 규탄하는 데 앞장섰다.

임시정부 활동에 깊숙이 참여한 그는 1925년 임시정부 대통령 이승만의 독단적 행동에 반발해 박은식, 신채호 등과 함께 탄핵에 앞장섰다. 1927년 상하이 공동조계에 있는 병원에서 치료를 받던 중 일본 형사에게 체포되었다. 국내로 이송된 그는 심한 고문을 받아 하반신이 마비되었고, 6년 동안 옥고를 치르면서 생사를 넘나들어야 했다.

해방된 뒤에도 이승만과의 악연은 계속 이어졌다. 1951년 이승만 대통령이 물러나야 한다는 '하야 경고문'을 발표했다가 투옥됐다. 이후에도 이승만을 반대하는 투쟁을 적극적으로 이어갔다. 이런 김창숙의 이력과 캐릭터는 좀 더 눈여겨볼 만하다. 왜냐하면 김달하가 독립운동 진영에서 밀정으로 지목되어 처단된 결정적 계기가 김창숙의 폭로였기 때문이다.

김달하가 밀정일지 모른다는 소문이 돌고 있던 차에, 김창숙은 김달하와 단둘이 대화를 하게 되었다. 1925년 초의 일이었다. 둘 다 학문적 깊이가 남달라 대화가 잘 통했고 평소 가깝게 교류해오던 터라 별다른 의심 없이 만났다. 그런데 이 자리에서 김달하가 넌지시 '귀국'을 종용했다. 독립운동이 성공할 가망이 없으니 조선으로 돌아가서 학자로서의 이력을 살려 유학을 진흥하는 데 매진하는 게 어떻겠느냐는 이야기였다. 만약 독립운동을 접고 귀국한다면 부제학 자리도 마련될 것이고, 이미 조선총독부와도 이야기가 되어 있다고도 말했다. 김달하는 김창숙과 오랫동안 교류해왔으니 이쯤에서 일종의 '커밍아웃'을 해도 괜찮겠다고 판단했는지 모른다. 그러나 오판이었다. 대쪽 같은 김창숙이 제안을 받아들일 리 없었다. 김달하를 둘러싼 흉흉한 소문이 진실이라는 것을 확신하게 되었을 뿐이다. 그 후 김창숙은 그의 정체를 동료들에게 폭로하면서 밀정 김달하를 마땅히 응징해야 한다고 주장했다.

김창숙의 구체적인 폭로 내용과 개인적 캐릭터 등을 종합해보면, 그가 '김달하 밀정설'을 날조했을 가능성보다는 김달하의 귀국 종용이 실제 있었을 가능성에 무게가 실린다. 당시 김창숙이 (평소 가깝게 지내던) 김달하를 처단해야 할 불가피한 이유가 있었다고 보기도 힘들고, 다른 사람의 전언을 들은 게 아니라 본인이 직접 겪은 일을 폭로한 것이기 때문이다. 이런 정황을 종합해 판단한 뒤에 행동과 다물단이 직접 김달하를 처단한 것일 테고, 김달하 밀정설은 그 이후 정설처럼 굳어졌다.

물론 엄밀한 기준에서 생각해보자면, 김창숙의 폭로 말고는 김달하를 밀정으로 단정할 만한 물적 근거가 부족한 것도 사실이다. 그런데 공교롭게도 김규흥은 우쓰노미야에게 보내는 편지에서 김달하를 신임할 수 있는 인물로 추천하는 등 매우 부적절한 맥락으로 등장하고 있다. 또한 김규흥은 독립운동가들을 회유해 조선으로 돌아갈 계획이라고 했는데, 이는 김달하가 김창숙에게 했던 귀국 제안과 고스란히 겹치는 대목이다.

이에 대해 성균관대학교 사학과 임경석 교수는 언론 기고문에서 KBS 〈밀정 2부: 임시정부를 파괴하라〉를 인용하며 다음과 같이 썼다. "이 편지에서 김달하가 망명 독립운동가들의 훼절과 조선 귀환을 위해 노력했다는 점, 그 대가로 거액을 청구했다는 점이 뚜렷이 드러났다. 뇌리 한구석에 남아 있던, 억울한 죽음일지 모른다는 의심이 말끔히 가시는 것을 느낀다."[3]

김규흥은 그런 김달하를 중요한 자리에 써야 한다면서 현재 가치로 환산하면 수억 원이 넘는 거금을 요구했다. 이로써 우쓰노

1909년에 찍은 김달하와 김애란의 약혼 사진. 가운데 소녀는 신부의 여동생 김활란이다.
출처: 〈아버님 김달하〉, 《신동아》 통권 제43호(1968).

---

3 〈임경석의 역사극장〉, 《한겨레21》, 2019년 10월 23일.

미야의 일기에 나오는 "김달하의 안건은 승낙할 수 없다"라는 문장
의 의미를 유추할 수 있다.

취재진은 김규흥과 김달하의 관계를 엿볼 수 있는 또 다른 기
록을 입수했다. 1921년 일본 외무성 기록에 따르면 김규흥은 베이
징으로 거처를 옮겼는데, 해당 주소를 확인한 결과 김달하와 바로
옆집 또는 한 건물의 위아래 층에 거주했던 것으로 파악됐다. 김달
하의 정체를 알았든 몰랐든 긴밀한 관계를 유지했던 것이다.

김규흥은 중국에서 오랫동안 활동했고 나름대로 무게감 있는
이력을 갖고 있었지만, 상하이 임시정부에는 참여하지 않았다. 어
떤 조직에 속하기보다는 아웃사이더처럼 움직이는 게 그의 성격
또는 활동 방식일 수도 있지만, 다소 의아한 구석이 있는 것도 사실
이다. 김규흥은 편지에서 자신이 독립운동가들에게 의심받고 있다
는 사실을 걱정스럽게 털어놓기도 했다.

상하이에 있는 단원들 때문에 때때로 압박을 받고 있습니다.
이런 비밀 활동이 드러나서 난처한 상황입니다. 그래서 잠시
다른 곳으로 피신합니다.

김규흥이 밀정으로 의심받을 만한 부적절한 내용을 우쓰노미
야에게 전한 것은 일기에서든 편지에서든 분명하게 드러난다. 김
달하와의 밀접한 교류도 확인된다. 게다가 1922년 10월 《독립신

문》에는 "김복이라는 자가 총독부 앞잡이의 괴수가 되어 북경에 거점을 정하고 북경, 천진, 상해, 향항, 광동 등지에 흩어져 있는 비슷한 무리들을 지휘한다고 한다"라는 밀정 의혹 보도가 실리기도 했다. 물론 같은 달 후속 기사에서 김규흥의 조카와 측근이 '김복 밀정설'은 사실무근이라고 반박했다는 내용이 실리긴 했지만, 독립운동 진영에서 그를 둘러싸고 의심과 논란이 있었던 것은 사실이다.[4] 따라서 그의 종합적 행보가 이상 행적 또는 친일(밀정) 의심 행적이라고 평가할 만하다는 전문가들의 의견이 분명히 제기되고 있다.

우쓰노미야 일기와 김규흥이 보낸 두 통의 편지를 종합해보면 김규흥은 뭐랄까, 심적 변화 같은 게 있었던 것으로 보인다. 완전한 독립보다는 식민 지배의 현실을 수용하면서 조선의 부분적인 자치권을 요구하는 쪽으로 독립운동의 방향을 전환한 것이 아닐까. 상하이 임시정부 요인들에게도 이러한 생각을 알리고 그들의 원칙적 항일운동을 눅이려는 활동을 한 것이 아닐까. 그러다가 오해든 아니든 독립운동 진영으로부터 의심이나 압박을 받은 게 아닐까.

편지 내용을 취재진에게 소개한 배경한 교수는 상대적으로 조심스러운 입장이었다. 배 교수 역시 편지 내용을 보고 처음엔 "경악스러웠다"라며 자신이 받은 충격을 이야기했지만, 1920년 이후 김규흥의 행적을 보면 밀정으로 단언하기는 어렵다는 게 배 교수의 입장이었다. 김규흥은 1922년 중국에서 흥화실업은행 설립을 주도했다. 자금난으로 1년 만에 문을 닫게 되지만, 이 무렵 박용만 선생

4   〈적 창귀배(밀정)의 횡행〉, 《독립신문》, 1922년 10월 12일; 〈김복 씨의 애매〉, 《독립신문》, 1922년 10월 30일.

은 홍화실업은행으로부터 대출을 받은 2천~3천 원으로 토지를 빌려 2년 동안 농장을 운영했다. 이 농장에서 식량을 자급자족하는 한편 전시에 싸울 수 있는 일종의 '둔전병'을 양성하는 게 박용만의 계획이었다.

물론 이렇다 할 성과를 거두진 못했지만 김규홍이 설립에 참여한 은행과 박용만의 둔전병 양성 계획이 연결되는 것은 사실인만큼, 그와 우쓰노미야 사이에서 벌어진 '이상 행적'을 곧바로 밀정 또는 친일 전향으로 단정 짓기엔 무리라는 게 배 교수의 입장이다. 말하자면 김규홍의 목적은 은행 설립 등을 위한 자금 마련이었고, 우쓰노미야와 교류한 것도 그런 목적일 수 있다는 시각이다.

그러나 반대로 김규홍의 언행에 문제가 있다는 것은 부인할 수 없는 사실이고, 그가 1920년대 말부터 1936년에 사망할 때까지 독립운동 진영에서 지속적으로 활동하거나 교류한 흔적도 아주 또렷하지는 않기 때문에 여기에 상당한 의문을 표하는 학자들이 있다. 학계의 연구와 토론이 좀 더 필요한 부분이다.

그런데 우리가 말하고 싶은 것은 이런 것이다. 학계의 토론과는 별개로 '대중적 관점'에서 분명한 사실은 현재 김규홍이 대한민국 역사에서 건국훈장을 받은 독립운동가로 기록돼 있다는 점이다. 그가 서훈을 받은 것은 1998년이다. 우쓰노미야 일기가 세상에 공개된 것은 9년 뒤인 2007년이다. 김규홍이 우쓰노미야에게 보낸 문제의 편지는, 취재진이 배경한 교수에게서 입수한 내용을 토대로 이번에 처음 세상에 알려지게 됐다. 그가 서훈을 받을 때에는 일기든 편지든 아무것도 발견되지 않았다.

만약 서훈 심사 전에 우쓰노미야 일기와 이번에 찾아낸 편지가 공개됐다면 김규흥은 건국훈장의 영예를 안을 수 있었을까. 김규흥에 대한 판단을 보류하며 조심스러운 입장을 내비친 배 교수도 "서훈 심사 자체가 유보됐을 것"이라고 평가했다. 서훈 심사는 미뤄졌거나 까다로워졌을 게 분명하다.

역사학계의 진지한 토론과 국가보훈처의 면밀한 서훈 심사도 당연히 필요하겠지만 그와 별도로 언론의 문제 제기는 상대적으로 더 '도전적'일 수밖에 없다. 나름대로 합리적 근거를 갖춘 것이라면 그런 문제 제기야말로 언론의 사회적 역할이자 기능이라고 우리는 믿는다. 그래야만 학계와 정부의 다양한 논의를 촉발할 수 있다.

우쓰노미야 후손들이 보관하고 있다는 각종 서류는 일기를 제외하고도 5천 건에 이르는 것으로 알려져 있다. 대부분 세상에 공개되지 않은 것들이다. 당시 군 최고 위치에 있던 우쓰노미야의 이력을 고려하면 한일 역사학계 모두에 적지 않은 파장을 일으킬 수 있는 내용도 들어 있을 것이다. 어쩌면 이 속에 김규흥의 행적을 확인할 수 있는 또 다른 직간접적 기록이 있을지도 모른다. 현재 일본 우쓰노미야 다로 연구회는 전체 자료를 대상으로 연구·분류 작업을 진행 중이며, 출간을 계획하고 있는 것으로 알려져 있다.

10장

"김구를 잡아라"

특종공작에
동원된 밀정들

김구 선생을 생각할 때면 우리는 거의 자동적으로 '주석'이라는 말을 뒤따라 떠올리곤 한다. 그가 임시정부 주석이었고 해방 후에도 사람들은 관습적으로 그를 주석으로 불렀지만, 처음부터 주석이었던 것은 아니다. 임시정부 내에서 그의 위상은 시간이 갈수록 올라갔고, 임시정부 수립 20년이 지나서야 최고 자리인 주석에 올랐다. 1919년 임시정부가 수립된 직후 그가 맨 처음 맡았던 직책은 경무국장이다. 지금으로 치면 경찰청장이다.

2019년 8월 12일 대한민국 경찰청은 기념식을 열었다. 왜 8월 12일인가. 이날이 김구가 임시정부 초대 경무국장에 임명된 날이기 때문이다. 민갑룡 경찰청장은 김구 선생 묘소를 찾아 참배했고, 경찰청 1층에는 선생의 흉상이 자리 잡았다.

민갑룡 청장은 "100년 전 오늘은 김구 선생이 대한민국 임시정부 초대 경무국장으로 취임하면서 임시정부 경찰이 실질적으로 구성된 날"이라며 "조국 독립을 위해 목숨 바쳐 헌신했던 임시정부 경찰들과 독립운동가 출신 경찰들의 숭고한 정신은 우리 경찰을 흔들림 없이 굳건히 지켜줄 참된 경찰 정신의 뿌리가 될 것"이라고 의미를 부여했다.

경찰이 임시정부 경무국을 공식 기념한 것은 이번이 처음이다. 임시정부 100주년이라는 뜻깊은 해에 맞춰 마련된 이벤트였는데, 뒤늦은 감이 있지만 지금이라도 임시정부 경무국을 자신들의 역사적 뿌리로 언명하는 것은 다행스러운 일이다. 다만 해방 이후 일

2019년 경찰청에 세워진 김구 선생의 흉상. 임시정부 '경무국장'이었던 김구 선생은 대한민국 최초의 경찰청장인 셈이다.
출처: 경찰청

제 경찰 출신 상당수가 대한민국 경찰의 중추로 이어졌다는 엄연한 사실을 생각해볼 때, 과거에 대한 자기반성적 언어 없이 '김구 경무국장'을 호명하는 것만으로 충분할지는 의문이다. 게다가 김구의 비극적 최후와 깊숙이 연관된 이승만 정권을 핵심적으로 지탱하던 물리력이 (군보다는) 경찰이었다는 사실에 생각이 미치면, 이번 이벤트의 아이러니한 성격에 쓴웃음을 짓지 않을 수 없다.

김구 개인에게도 경무국장은 어울리는 자리였다. 풍채가 좋았다는 신체적 조건도 그렇지만 김구는 원래부터 '행동파'였다. 1876년 황해도 해주에서 태어난 그는 1893년 동학에 입교하여 접주가 되었다. 동학농민혁명에 참가했고 의병활동을 할 때에는 진격의 선봉에 섰다. 1895년 명성황후 시해 사건이 벌어진 이듬해, 안악 치하포에서 일본인 쓰치다를 처단한 열혈 청년이었다. 1896년 5월에 체포되었고, 사형 선고를 받았다. 사형 집행 직전에 광무황제(고종)의 특사가 없었다면 청년 김구는 스물한 살의 나이로 형장에서 삶을 마감할 뻔했다.

경무국장 역할은 경찰과 비슷하다. 상하이 임시정부 사람들과 한인 교민들을 안전하게 보호하는 게 최우선이다. 그러기 위해선 일제가 동원한 밀정을 색출해 처단하는 것은 필수 임무였다. 김구는 임시정부에 첫발을 디딜 때부터 밀정과의 암투를 시작해야 하는 운명이었다.

한반도에서 상하이로 넘어온 한인이 있다고 하면, 게다가 그가 아직은 의심스러운 동향을 보이고 있다면, 김구와 경무국 소속 경호원(경찰)들은 그가 밀정인지 아닌지 확인하기 위해 미행과 감시를 했다. 일종의 검증 작업이다. 임시정부가 있던 상하이 프랑스 조계지에서는 일본도 함부로 물리력을 행사할 수 없었지만, 일제의 상하이 지역 거점인 일본총영사관이 지근거리에 있었기 때문에 긴장의 끈을 놓을 수 없는 상황이었다.

일제 입장에서 상하이 임시정부는 '불령선인'들이 집결해 있는 반국가단체이며 (앞서 본 우쓰노미야 조선군사령관의 표현에 따르면) '절붕'해야 할 표적이었다. 경무국장 김구의 맞상대격인 상하이 일본총영사관은 수많은 밀정을 임시정부에 심어놓고 첩보전을 펼쳤다. 김구와 경무국 요원들이 혼신을 다해 방어해도 틈은 벌어졌고 정보는 새어나갔다. 일제가 갖고 있던 압도적 힘의 우위를 생각해볼 때 어쩌면 당연한 일인지도 몰랐다.

발신자: 상하이 주재 총영사 야마자키 게이치山崎馨一
수신자: 외무대신 우치다 고사이內田康哉

제목: 상하이 불령선인에 관한 건

불령선인의 소위 임시정부는 올해 1월 중 《대한민국 임시의정원 기사록》(1~6집)이라는 제목으로 조선 글자로 된 책자를 발행했습니다. 지난해 4월부터 9월에 걸쳐 여섯 번 개최한 의정원 회의를 차례로 상세히 기록했습니다. 우리 밀정으로부터 위 책자를 입수했기에 참고하시라고 번역본 1부를 보내니 검토해주시기 바랍니다.[1]

1920년 6월 상하이에 있는 일본총영사가 본국의 외무대신에게 보고한 문서다. 1920년이면 임시정부가 수립된 지 불과 1년 뒤다. 대한민국 임시의정원은 지금으로 치면 국회인데, 여기에서 논의된 내용을 기록한 회의록이 통째로 일본 손에 넘어간 것이다. 밀정이 입수해 넘긴 것이라고 나와 있다. 도대체 누구였을까. 임시정부 내부자였을까. 아니면 그의 가족이었을까. 밀정이 임시정부에 침투해 뽑아낸 첩보는 끊임없이 생산됐고, 그 흔적은 일본 내부 문서 이곳저곳에 남아 있다.

임시정부 및 독립신문사의 연락 배치 상황

상하이 독립신문사에서는 톈진, 봉천奉天, 안동, 서간도, 북간도, 하얼빈에 각 연락기관을 갖고 있습니다. 독립신문사 앞으로 송금이 오는 방법은 함경남북도에서는 북간도를 통해, 평안북도에서는 서간도를 통해 가격 표시 우편물로 송부하고, 그 밖의 지방에서는 보통 우편환을 이용하고 있다고 합니다. 임시

1   상하이 불령선인에 관한 건(1920년 6월), 기밀(機密) 제89호, 〈불령단관계잡건-조선인의 부-상하이가정부 2〉.

정부는 [⋯] 경기도 방면에서 송금이 필요할 때에는 인천의 회풍은행을 통해 외국환을 이용합니다.[2]

상황이 이렇다 보니 임시정부도 밀정의 침투에 대해서는 언제나 초비상이었다. 임시정부가 마땅히 죽여야 할 일곱 가지 적을 일컫는 칠가살七可殺(일본인, 매국적賣國賊, 고등경찰 및 형사·밀고자, 친일부호, 적의 관리官吏, 불량배, 배신자)에는 밀정도 포함돼 있다. 단 한 명의 밀정만 침투해도 조직 내 불신과 분열이 증폭된다는 점에서 밀정은 공개적 행보를 보이는 친일 관리보다도 어쩌면 더 치명적이고 암적인 존재였다. 김구의 《백범일지》에 점점이 등장하는 내용을 보면 밀정을 활용한 일제의 침투력은 놀랄 만한 수준이었다. 심지어 밀정을 적발하는 주체인 임시정부 경무국의 경호원 중에도 밀정이 있었다.

발단은 살인사건이었다. 1922년 상하이 프랑스 조계지에서 한국 여성의 시신이 발견되었다. 현장 확인 결과 김구도 본 적이 있는 여성이었다. 얼마 전 자신의 부하 한태규와 함께 다니는 것을 멀리서 우연히 목격한 적이 있었다. 그녀는 피살된 게 분명했다. 구타당한 상처와 특히 목이 졸린 흔적이 있었는데, 김구가 경무국 경호원들에게 밀정을 처단할 때 사용하라고 가르쳐준 바로 그 수법이었다. 한태규를 의심하지 않을 수 없었다.

김구는 탐문 조사를 통해 한태규와 그 여성이 동거했었다는

---

2   상하이 정보(1924년 2월), 고경(高警) 706호, 〈불령단관계잡건-조선인의 부-상하이가정부 5〉.

사실을 확인했다. 사건 현장 근처에서는 한태규의 또 다른 거처로 의심되는 장소를 찾아냈고, 내부에서 핏자국을 발견했다. 프랑스 조계지에서 발생한 사건이라 한태규는 프랑스 경찰에 체포돼 조사받았다. 처음에는 피해 여성을 모른다며 혐의를 부인했지만 계속된 추궁과 제시된 증거에 결국 범죄 사실을 자백했다.

한태규는 7개월 동안 그녀와 동거했고, 그 과정에서 여성이 한태규의 정체를 간파한 게 결정적이었다. 한태규가 일본 밀정임을 눈치챈 것이다. 배움이 짧은 여성이었지만 김구와 임시정부를 존경하고 있었다. 한태규는 불안했다. 그녀가 자신의 정체를 고발하기 전에 먼저 손을 쓰기로 작정했다.

김구의 신조 가운데 하나는 사람을 쓸 때 의심되면 일을 맡기지 않고, 일을 맡기면 의심하지 않는다는 것이었다. 김구는 한태규를 아끼고 신임했다. 둘은 7년 넘게 동고동락했다. 한태규의 정체가 드러나자 다른 부하들의 증언이 잇따랐다. 그가 이상하게도 씀씀이가 남달라 안 그래도 밀정으로 의심하던 차였는데 물증이 없어서 보고하지 못했다고 했다. 훗날 김구는 《백범일지》에서 이렇게 회고했다.

악한을 절대 신임했던 나야말로 세상에 머리를 쳐들기 어렵다는 자괴심으로 비할 수 없는 고민을 가지고서 지냈다.

김구 선생과 한인애국단. 이봉창, 윤봉길 의사 등은 한인애국단의 이름으로 일본과
상하이에서 거사를 치렀다.
출처: 국가보훈처 공훈전자사료관

　의열 투쟁의 역사는 일제의 강제적 한일병합 이전인 1909년
으로 거슬러 올라간다. 안중근 의사의 하얼빈역 거사로 시작된 의
열 투쟁은 약산 김원봉이 이끌던 의열단, 우당 이회영과 무정부주
의 운동가들, 그리고 백범 김구가 중심이던 한인애국단의 활약 등
으로 계속 이어진다.
　일본 입장에서야 이들 모두를 '테러리스트'라 가볍게 통칭하고
싶겠지만(실제로 스가 요시히데 관방장관은 안중근을 테러리스트라 불렀
다), 그게 식민주의자의 언어도단이라는 것은 긴 설명이 필요하지
않다. 이들의 의열 투쟁이 불특정 다수의 일본 시민을 공격했다면

논란의 여지가 있겠지만, 이들 모두는 일제의 고위 관료나 유력자들을 상대로 거사를 감행했다. 피식민 약소국의 독립운동가가 파시즘 제국주의의 실력자를 상대로 벌인 유혈 투쟁은 테러가 아니라 전투의 한 종류라고 봐야 한다.

물론 장기적인 관점에서 의열 투쟁이 지속 가능한 독립운동 방식인가에 대해서는 논의할 가치가 있으며, 독립운동 진영 내부에서도 당연히 그런 성찰이 있었다. 의열 투쟁을 벌이면서 내부 역량을 쌓아가다가 나중에는 정식 군대를 육성하는 길로 들어선 것도 이 때문이다. 그러나 독립운동의 큰 방향을 어떻게 설정하느냐의 고민과 별도로 의열 투쟁에 청춘을 바친 열혈지사들의 애국은 그 자체로 숭고한 빛을 발한다.

1930년대 들어 김구는 한인애국단을 결성(1931)하고 의열 투쟁에 나설 젊은이들을 모집했다. 1932년 1월 8일 이봉창이 선봉에 섰다. 일본 도쿄 한복판에서 일왕에게 수류탄을 투척했다. 다른 신하가 다치는 데 그쳤지만 일본 군국주의의 정점인 일왕을 표적으로 삼았다는 점에서 큰 여파를 몰고 왔다. 같은 해 4월 29일 이번엔 윤봉길이었다. 상하이 홍커우 공원에서 열린 일본의 전승기념식(일왕 생일인 천장절을 기념하는 것도 겸한 행사였다)에서 폭탄을 터뜨렸다. 일본 육군대장 시라카와白川義則, 일본 거류민단장 가와바타河端貞次가 사망했고, 주중공사 시게미쓰重光葵와 제9사단장 우에다植田謙吉는 크게 다쳤다.

중국 국민당 수반 장제스는 "ɪoo만 중국군도 해내지 못한 일을 조선인 청년 한 명이 해냈다"라고 칭송했다. 한인애국단의 잇단 거사는 중국인들의 호의적 반응을 불러왔고, 중국 정부가 임시정부와 협조하게 만든 계기가 됐다. 그러나 동시에 임시정부와 김구를 노리는 일제의 추격이 시작됐다. 김구에게는 거액의 현상금이 걸렸고, 임시정부는 상하이를 황급히 떠날 수밖에 없었다. ɪ945년 해방을 맞을 때까지 임시정부의 기나긴 여정이 시작되는 순간이었다. 상하이(ɪ9ɪ9)에서 항저우杭州(ɪ932)로, 전장鎭江(ɪ935)으로, 창사長沙(ɪ937)로, 광저우廣州(ɪ938)로, 류저우柳州(ɪ938)로, 치장綦江(ɪ939)으로, 충칭重慶(ɪ94o)으로…. 일제는 김구를 체포하는 데 혈안이었다. 암살 공작을 시도했고 어김없이 밀정이 동원됐다.

서울대학교 규장각 한국학연구원 윤대원 교수가 일본 야마구치현에서 입수해 분석한 사료에 따르면, 김구 암살 시도는 세 차례 진행됐다. 물론 이것은 ɪ935~ɪ938년 사이에 생산된 일본 문서로 확인되는 경우에 한해서이므로 암살 시도가 더 있었을 가능성은 충분하다. 일본은 암살 시도를 '특종공작'이라 칭했다.

김구에 대한 특종공작에 관한 건[3]

상하이 사무관 히토스키 도헤이 一杉藤平

---

[3]　대(對) 김구 특종공작에 관한 건(ɪ935년 8월 5일), 상하이발 특비 제1호, 〈쇼와 ɪo년도 이강 보고철(특비)〉(국사편찬위원회 야마구치현 문서관 소장 자료).

해외 조선인 불령 운동의 우두머리로 도쿄 사쿠라다문櫻田門 사건(이봉창 의거-인용자)의 주범인 김구의 조치에 대해서는 전임 나카노 사무관이 가장 고심했고, 저도 여기 온 이래 계속해서 화근을 제거하고자 힘껏 그 대책을 강구하고 있습니다. 마침내 그것이 본궤도에 올랐습니다. 성패는 쉽게 예측할 수 없지만 대책과 진행 상황을 일단 보고드립니다.

상하이에 있는 사무관 히토스키가 1935년 8월 5일 조선총독부 경무국장에게 보낸 보고서다. 히토스키는 1923년 고등고시 사법과와 행정과에 동시 합격한, 조선총독부의 엘리트 관료였다.

첫 번째 시도는 밀정 오대근을 이용했다. 중국 공산당 한인지부에서 활동하다가 일제의 밀정으로 전향한 그는 1935년 1월 김구 암살 지령을 받고 난징으로 갔다. 당시 김구는 난징에서 장제스와 만나 중앙육군군관학교에 독립군 간부를 양성하는 한인특별반을 설치하기로 합의했다. 그러나 오대근이 움직이고 있다는 사실을 김구 측이 미리 파악했고, 오대근 일당은 중국 관헌에게 발각돼 모두 처형됐다. 1차 암살 시도는 실패로 돌아갔다.

일제는 김구 암살을 포기할 수 없었다. 곧바로 2차 '특종공작'에 나선다. 이번에는 이간질 작전이었다. 진영 내 계파 갈등은 우리 독립운동 역사에 드리워진 짙은 '그늘'이다. 물론 좌우 대립이나 노선 갈등은 우리만의 문제라기보다는 전 세계 모든 국가의 근현대사를 관통하는 이야기지만, 하나로 힘을 모아도 제국주의 일본에 대항하기가 벅찬 마당에 진영 내부의 갈등과 견제는 독립운동의 동력을 스스로 깎아버리는 일이었다. 일제는 이런 약점을 파고들 었다. 무정부주의 계열 정화암 선생(본명 정현섭, 1983년 건국훈장 독립장)과 우파 민족주의 계열 김구 간의 갈등을 부추겨 정화암 측이 김구를 공격하게 만든다는 전략이었다.

> 김구 일당인 애국단과 가깝지도 않고 멀지도 않은 관계를 지속 하고 있는 조선인 무정부주의자들이 있습니다. 이들은 중국 부호들로부터 자금을 받고 있으며 종종 뜻밖의 흉포를 감행하기도 합니다. 김구, 안공근 등과도 밀접하게 연락하고 있어 거처를 파악하는 데 편리합니다. 이들을 역이용하는 것도 하나의 방법이라고 생각합니다.[4]

정화암을 비롯한 무정부주의자들과 가깝게 교류해온 밀정 임영창이 주요 역할을 담당했다. 상하이 일본총영사관 경찰이 무정부주의 계열 독립운동가 김오연을 체포하면, 임영창이 정화암에게 "안공근의 계략으로 김오연이 붙잡혔다"고 알려주어 분개한 정화암이 행동에 나서게 한다는 계획이었다. 안공근은 하얼빈 거사로 순국한 안중근 의사의 동생이자 당시 김구의 측근이었다. 정화암이 자신의 동지가 체포된 배후에 안공근이 있다고 오해하게 해

---

4   대(對) 김구 특종공작에 관한 건(1935년 8월 5일), 상하이발 특비 제1호, 〈쇼와 10년도 이강 보고철(특비)〉(국사편찬위원회 야마구치현 문서관 소장 자료).

서, 그로 하여금 김구와 안공근을 해치도록 한다는 게 2차 특종공작의 요지였다.

 1935년 8월 김오연이 상하이 일본총영사관에 붙잡혔다. 체포 경위를 궁금해하는 정화암에게 임영창은 각본대로 "김구 측에서 밀고한 것으로 의심된다"라고 설명했다. 그러나 정화암은 이번 체포가 이간질을 위한 일본의 계략임을 이미 눈치채고 있었다. 정화암은 김구를 암살하겠다는 의사를 거짓으로 내비치면서 두 가지 조건, 즉 김오연을 곧바로 석방해줄 것과 김구 암살에 필요한 비용

정화암 선생(1983년 건국훈장 독립장). 김구 측과 이간질을 노리던 일제의 계략에 말려들지 않았다.

을 제공해줄 것을 요구했다. 정화암은 두 가지 모두를 영리하게 다 얻어냈다.

정화암은 해방 후 쓴 회고록《어느 아나키스트의 몸으로 쓴 근세사》에서 당시 상황을 이렇게 말하고 있다. "안공근과 시비를 하게 되면 일본 놈들의 계략에 말려들게 되는 것이다. 이들의 계략을 간파한 내가 그런 어리석은 짓을 하겠는가." 결국 일제의 2차 김구 암살 공작도 눈치 빠른 독립운동가에게 들켜 실패로 돌아간다.

그러나 3차 공작은 성공이라면 성공이었다. 김구가 생사의 기로에까지 갔기 때문이다. 이른바 '남목청楠木廳 사건'이 바로 그것이다. 1938년 5월 민족주의 계열의 한국국민당, 한국독립당, 조선혁명당 사람들이 중국 창사에 모였다. 통합 문제를 논의하기 위해서였다. 모임 장소는 조선혁명당 당사 남목청이었다. 연회가 마련됐을 때 조선혁명당원이었다가 축출된 이운한이라는 자가 권총을 난사했다. 현익철(1962년 건국훈장 독립장)이 숨지고 김구, 유동열, 이청천이 부상을 입었다.

죽을 고비를 넘기고 가까스로 기력을 회복해 병상에 앉은 김구의 가슴에는 총상 자국이 선명했다. 당시 김구 선생을 병문안했던 임정둥이 김자동 대한민국임시정부기념사업회 회장(1928년 상하이 임시정부에서 활동하던 부모 밑에서 태어나 임정과 함께 자랐기에 임정둥이로 불렸다)의 회고에 따르면 이운한이 쏜 총알이 심장을 관통하지 못하고 비켜 나간 덕에 살아남을 수 있었다고 한다. 일제의

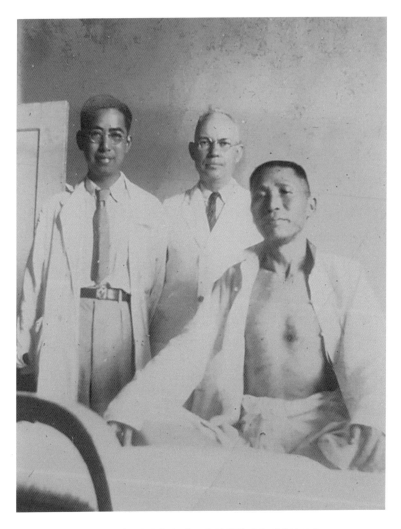

일명 '남목청 사건'에서 이운한의 총을 맞은 후 회복한 김구 선생의 모습.
가슴에 총상 자국이 선명하다.
출처: 부산시립박물관

3차 공작은 그들 입장에선 거의 성공하는 듯했으나 다행히도 마지막 단계에서 김구는 죽음의 문턱을 넘지 않았다.

김구는 《백범일지》에서 남목청 사건의 배후로 박창세를 지목했다. 그전부터 박창세가 일본과 손을 잡았다는 정황이 다수 포착돼 의심스러웠는데, 그가 반反 김구파로 불만을 품은 이운한을 부추겨 총을 쏘게 했다는 것이다. 임시의정원 의원을 지내고 한국독립당 특무대장을 맡기도 했던 박창세가 어쩌다 일제 협력자로 변절한 것일까.

단서는 일본 문건에 등장한다.

박창세를 회유하고 그가 김구를 처치하도록 획책하고 있습니다. [⋯] 김구에게 쉽게 접근할 수 있고 이런 공작에는 실로 적당한 인물입니다. [⋯] 그의 차남 박제건이 권투선수가 되어 형과 함께 조선으로 돌아가기를 희망하고 있으니 총영사관과 협력해 귀국하는 데 편의를 봐주고 이를 박창세를 회유할 방법으로 삼고자 합니다.[5]

가족을 볼모 삼아 밀정으로 포섭한다는 전략이다. 박창세의 둘째 아들 박제건은 전도유망한 권투선수였다. 경기 성적이 아주 좋아서 이미 이름을 날리고 있었다. 실제로 그는 1936년 4월에 상하이를 출발해 도쿄를 거쳐 서울에 도착한다. 문건에 나오는 대로다.

5   대(對) 김구 특종공작에 관한 건(1935년 8월 29일), 상하이발 특비 제3호, 〈쇼와 10년도 이강 보고철(특비)〉(국사편찬위원회 야마구치현 문서관 소장 자료).

유력 독립운동가의 아들이 별 탈 없이 귀국해 활동하려면 일본 당국의 협조가 반드시 있어야 했다.

박창세는 이 무렵 조선민족혁명당을 탈당해 한국독립당으로 이적하고, 거기에서 또다시 탈당해 조선혁명당을 결성하는 등 독립운동 진영에서 잇따라 갈등을 빚으며 소속을 옮겼다. 아들을 빌미로 밀정으로 포섭된 그가 평소 김구 측에 불만이 있던 이운한에게 총기 습격을 종용했을 가능성이 높다.

밀정을 잡는 초대 경무국장을 맡았을 당시 김구는 40대 중년이었다. 3·1운동 직후 상하이로 떠난 그가 임시정부 주석으로서 해방된 고국 땅을 밟았을 때 그는 70대 노인이 되어 있었다. 우리가 '일제강점기'라는 다섯 음절의 단어로 대충 뭉뚱그려 인식하는 그 세월은 그토록 오랜 시간이었다.

일제의 지독하고도 끈질긴 암살 공작을 모두 이겨낸 그의 마지막이 어떠했는지는 우리 모두 잘 알고 있다. 해방을 맞은 조국에서 민족통일운동에 매진하다 동포가 쏜 총탄에 최후를 맞았다. 1949년 6월 26일이었다. 해방정국은 암살이 횡행하던 때였고, 사건이 벌어지기 전부터 선생을 둘러싼 흉흉한 소문이 돌던 차였다. 그때마다 김구는 이렇게 말했다.

"나는 조국을 위해 왜놈들에게는 맞아 죽을 일을 했어도 내 동포가 죽일 일은 하지 않았소."

그가 최후의 순간을 맞을 때 쓰고 있었다고 알려진 한시가 있다. 인생의 좌우명으로 여겼던 시라고 한다.

踏雪野中去　　눈 덮인 벌판을 걸어갈 때
不須胡亂行　　함부로 어지럽게 걷지 마라
今日我行跡　　오늘 내가 걸어간 발자국은
遂作後人程　　뒤따라오는 사람의 이정표가 되리니

1962년 대한민국 정부는 백범 김구 선생에게 건국훈장 대한민국장을 수여했다.

11장

3·1운동 계보도 —

'휘발된 사람들'을
찾아서

李昇薫

朴熙道　　　　李申成　　　咸台永

○八遺捕ノ分

車門宗教大　代表　為表

朱翼　金元鼎　尹和鼎　康基德　甲淡烈　李東園　金炯璣

李秉極　全性得　李容萬　朱鍾宣　金大羽　金文珍

林圭

安世桓

李東珍　李宗相　金文珍

李萬集　林學護

金智煥　金鈉模

金永洙　鄭東俊　金東煥　康尚烈　朴快仁　金玉球　張基郁　李至完

申揚九　本基佐　吳喜英　堂尹權　郭明理　李可順

玄楯

金世煥　　　　　董鑑鐵

任應璟　李昌會　李康雨　玄錫七　金東済

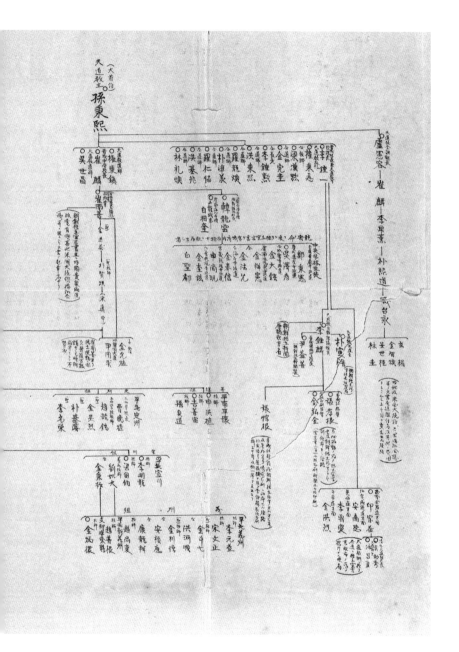

'조직도'가 좋을까 아니면 '계보도'가 좋을까. 2019년 3월 1일 3·1운동 100주년을 맞아 특집 뉴스를 준비 중이던 취재진은 이 사료의 이름을 정해야 했다. '3·1운동 조직도'와 '3·1운동 계보도' 두 가지가 후보로 올랐다. 일본에서 이 소중한 사료를 처음 발굴한 김광만 KBS 객원연구원은 두 명칭 가운데 후자, '계보도'가 더 적절할 것 같다고 취재진에게 조언했다.

3·1운동이 산발적인 운동이 아닌 조직화된 운동인 것은 맞지만, 그렇다고 군이나 검경, 또는 재벌들처럼 어떤 일사불란하고 단일한 지휘명령 체계가 있다고 말하기엔 어려우므로 '조직도'보다는 '계보도' 혹은 '계통도' 정도가 더 적절한 용어라고 판단했다. 3·1운동 계보도. 이것은 밀정 추적 과정에서 우연히 발견한 또 하나의 귀중한 사료다.

조금 뜬금없지만 일본 고서점 이야기를 해야겠다. 헌책방 말이다. 전문가들은 일본 헌책방을 두고 '공공기관 밖의 아카이브'라고 표현하기도 한다. 국회도서관, 외교사료관, 방위연구소 등 각 단위별로 자료실이 잘 갖추어져 있고 강박적이라 할 만큼 보관과 정리가 잘돼 있는 일본이지만, 헌책방 역시 공공기관 밖에서 하나의 아카이브 기능을 수행하는 곳이라는 뜻이다. 우리가 흔히 떠올리는 일반적인 헌책방과는 다르다. 사진과 문서, 서신 등 100년 전 만들어진 가치 있는 사료들이 심심치 않게 발견되는 곳이 일본 고서점이다.

3·1운동 계보도 역시 도쿄 인근의 한 고서점에서 발견되었다. 처음 이 사료를 접한 김광만 연구원은 논문에서든 책에서든 어디선가 한 번쯤 소개된 적이 있는 계보도일 것 같다고 막연하게 생각했다고 한다. 그러나 취재진이 검증 차원에서 국내 학계 전문가들에게 두루 확인한 결과 이 계보도는 그동안 학계나 언론에서 한 번도 공개된 적이 없는 것이었다.

과거 군사독재 시절 공안 당국이 재야운동이나 학생운동 진영을 계보 형태로 그려서 검거와 수사에 활용한 것처럼 3·1운동 계보도도 비슷한 목적으로 만들어졌다. 3·1운동이 일어난 이후 일본이 주도자급 인물을 추리고 전체적인 계통을 파악하기 위해 그려놓은 것이다. 말하자면 수사 자료인 셈이다.

가로 54센티미터, 세로 40센티미터다. 140명의 이름이 빼곡히 등장한다. 일제에 동조하지 않았던 일부 외국인 선교사 이름도 나오지만 대부분이 3·1운동을 주도했던 인물들이다. 우리가 잘 알고 있는 '민족대표 33인'의 이름도 당연히 들어가 있다. 종교별, 지역별, 계층별로 이름이 나열돼 있고 이름 옆에는 간략한 직함 또는 설명이 서술돼 있다.

손병희 선생이 맨 위에 있고 그 아래 민족대표 33인 중 천도교 인사들을 가로로 배치했다. 오세창, 권동진, 나인협, 박준승, 이종일 등 건국훈장 대통령장을 받은 사람들이 대부분이다. 이종일 선생 옆에는 '보성사(당시 독립선언서를 인쇄한 곳) 사장'이라고 직업이 적혀 있고 그 아래로 선이 그어져 장종건-장효근-김홍규 등으로 이어진다. 3·1운동 당시 독립선언서와 조선독립신문을 인쇄·배포한 책임자들이다. 이들이 일제의 감시를 피하려고 기지를 발휘하며 독립선언서를 몰래 배포한 경위는 그 자체로도 다큐멘터리 소재가 될 정도로 긴장감 넘치는 일화가 아닐 수 없다.

훗날 대표적인 친일파 중 한 명이 되지만 당시에는 3·1운동에 적극 가담했던 최린 옆에는 '보성중학교장'이라고 직함이 적혀 있다. 최린 아래로 선이 두 개 뻗어 있는데 하나는 최남선과 만나고 다른 하나는 만해 한용운 선생, 그러니까 불교계 인사로 이어지는 선이다.

문장가로서 재능이 뛰어났던 최남선은 최린과 마찬가지로 훗날 친일파로 변절하지만, 당시 계보도에는 "조선독립선언서와 […]

강화회의 등에 보낸 문서를 기초한 자"라고 적혀 있다.

한용운 선생 아래에는 중앙학림(동국대 전신) 생도 9명의 이름이 나열돼 있다. 이들에 대해 일본은 "한용운의 명을 받고 독립선언서를 경성 시내와 지방에 배포한 자들"이라고 설명한다. 가만히 그 이름을 들여다보고 있으면, 위험을 무릅쓰고 독립선언서를 가슴에 품은 채 전국 각지로 흩어졌을 젊은 생도들의 긴장 어린 표정을 떠올리게 된다.

기독교 라인은 이승훈 선생(1962년 건국훈장 대한민국장)에게서 시작한다. 함태영, 이갑성, 박희도로 선이 나뉘고, 박희도 아래로는 전문학교 6개 학교 대표자들의 이름이 나열된다. 보성전문, 연희전문, 세브란스의전 등 학생운동 대표자들이다. 1919년 3월 1일 탑골 공원에 모인 청년들을 이끈 사람들이다.

함태영은 김지환-김병농-현순으로 이어지는데 일본은 이 라인에 대해 "함태영이 미국 대통령 및 파리강화회의에 발송할 조선 독립에 관한 청원서 2통과 선언서 등을 김지환에게 휴대해가도록 한 경로"라고 서술하고 있다. 한국 독립의 의지가 바깥 세계로 알려지게 된 경위에 대해 일제가 기초 조사를 끝낸 상태였음을 알 수 있다.

기독교 라인은 '정주조', '평양조', '의주조' 등 북한 지역 목사들로 선이 이어진다. 3·1운동의 동력이 북쪽으로 그대로 확장되었음을 확인할 수 있다.

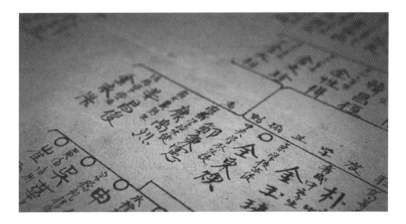

계보도 중 일부. 검거 여부를 표시하는 용도로 이름 위에 동그라미를 쳤다. 조선약학교 생도였던 전동환 선생 이름 위에 동그라미 표시가 돼 있다.

3·1운동 계보도가 발굴된 것은 이번이 처음이다. 발견된 곳이 고서점이다 보니 이 계보도를 누가 언제 작성했는지 그 출처를 밝히는 게 급선무였다. 물론 계보도 내용을 보면 우리가 알고 있는 3·1운동 경위와 거의 일치하는 데다 내용 또한 구체적이라서 조선총독부에서 작성했을 것이라는 추정이 가능하지만, 어찌됐건 출처를 확인할 필요가 있었다.

계보도 작성 시점을 추리할 수 있는 단서가 있었다. 계보도를 자세히 보면, 어떤 사람 옆에는 동그라미가 표시돼 있고 어떤 사람에게는 그런 표시가 없다. 동그라미가 무엇을 의미할까? 계보도 맨 왼쪽에 동그라미가 '체포된 사람'을 뜻한다는 설명이 있다. 그러니까 계보도 작성 시점에 이미 체포된 사람 옆에는 동그라미를 표시하고 아직 검거하지 못한 사람은 표시하지 않았다는 의미다. 3·1운동 주도자들 가운데 체포 기록이 남아 있는 사람들을 중심으로 이동그라미와 비교해보면, 계보도 작성 시점은 대략 1919년 3월 말이 유력하다.

전문가들의 도움을 받아 해당 시점 위주로 자료를 다방면으로 추적한 결과, 일본 외무성 자료실인 외교사료관에 보관 중인 〈불령단관계잡건-조선인의 부〉에 관련 내용이 삽입돼 있다는 것을 알 수 있었다. 3·1운동에 대한 1차 조사가 어느 정도 마무리된 시점인 1919년 3월 22일에 조선총독부 경찰 조직인 경무총감부가 작성한 계보도다. 경무총감부는 총독과 육군대신, 군사령관 등 여러 사람들에게 계보도를 보고서와 함께 올렸다. 그중 하나가 어쩌다 일본 고서점으로 흘러들어갔고, 100년이 지나서 한국 사람한테 발견된 것이었다.

3·1운동은 일본 입장에서는 그야말로 기습적이었다. 사전 대응에 실패한 것이었고 그만큼 3·1운동 주도자들의 보안 유지가 철저했던 것으로 보인다. 그러나 뒤늦게 주도자들을 체포하고 신문하고 이런 계보도를 작성할 때에는 정보망을 총동원해 아래로부터 정보를 끌어 모았을 것이다. 3·1운동 주도자들의 최근 동태를 하나하나 탐문했을 것이고, 이 과정에서 일본 경찰에 정보를 제공하는

한국인이 많든 적든 동원됐을 것이다.

이 계보도가 100년 뒤인 지금의 시점에서 갖는 의미는 무엇일까. 140명을 일단 몇 개의 범주로 분류해볼 필요가 있다. 첫째, 훈장을 받은 독립유공자들이다. 이들은 국가가 이미 공인한 사람들이다. 물론 취재진도 그렇고 대중도 그렇고 이들의 이름 전부를 알고 있는 것은 아니다. 한용운 선생처럼 워낙 유명한 사람도 있지만, 훈장을 받은 것과 대중에게 널리 알려지는 건 별개의 문제니까 말이다. 어찌됐건 이들은 이미 역사적 정리가 어느 정도 완료된 사람들이라고 판단할 수 있다.

둘째, 계보도에는 주도자급 인물로 등장하지만 훗날 친일파로 변절한 사람들이다. 최린과 최남선이 대표적이다. 이런 사람들도 역사적 평가가 끝났다고 할 수 있다.

셋째, 이도 저도 아닌 사람들이다. 이들이 중요하다. 일본 경찰이 보기에 3·1운동 주도자급 인물이지만 우리 역사가 공인하지 않은 사람들. 말하자면 '역사에서 휘발된 사람들'이다. 이들은 도대체 어떤 삶을 살았을까? 왜 '휘발'된 것일까?

140명 가운데 34명이 세 번째 범주로 추려졌다. 국가보훈처에 확인해본 결과 이 가운데 9명은 독립유공자 심사가 진행 중이고, 10명은 친일이나 월북 등 이상 행적이 확인된 사람들이라는 답변이 왔다. 그래도 나머지 15명이 의문으로 남았다. 이들을 3·1운동의 숨은 주역이라고 말할 수도 있지 않을까.

 IOO년이란 세월이 지났지만 지금이라도 이들을 찾아 공훈을 제대로 평가해야 한다. 민족대표 33인과 같이 이미 후세의 평가를 받은 유명 독립운동가들의 영광스러운 업적을 다시 조명하는 것도 의미가 있겠지만 그보다 우리 역사가 놓쳤던, 어쩌면 외면했을지 모를 이름 없는 독립운동가를 한 명이라도 더 찾는 것이 가치 있는 일이라 생각했다. 우리는 이들을 추적해보기로 했다.

 먼저, 계보도에서 학생 대표자 중 한 명으로 기록된 주익, 그의 흔적을 좇기로 했다. 국가보훈처에 문의해보니 '인적사항 미상'이란 답이 돌아왔다. 별다른 기록이 없다는 얘기다. 몇몇 사료에 '주익'이라는 이름은 등장하지만 정작 언제 태어나서 언제 사망했는지, 어디 출신인지 등 인적사항을 알 수 없어서 그동안 서훈 심사 대상으로 올리지 못했다고 한다. 사료에 이름이 몇 번 등장한다고 해서 곧바로 훈장을 받을 수 있는 건 아니다. 행적이 비교적 자세히 포착되어야 하고, 특히 그의 개인적 이력이 동반되어야 한다.

 주익처럼 3·I운동 당시 학생들은 종교계와 더불어 운동의 양대 축이라고 할 만큼 중요한 역할을 했다. 누구보다 앞장서서 만세운동을 주도했지만 종교계 인사들에 비해 이렇다 할 조명을 받지 못했다. 학생들은 3·I운동이 일어나기 훨씬 전부터 만세운동을 준비했다. 각 학교 대표자들을 뽑았고, 이 과정에서 주익은 독립선언서를 작성하기도 했다. 이른바 민족대표들이 다른 종류의 독립선언서를 발표하면서 활용되지는 못했지만 말이다. 학생 대표로서 독립선언서 작성을 맡을 만큼 핵심 역할을 한 주익이 왜 인적사항마저 확인되지 않는 걸까.

계보도에서 찾을 수 있는 유일한 단서인 보성전문학교, 지금의 고려대학교로 향했다. 고려대학교는 100년이 넘는 역사를 가진 만큼 상당량의 사료를 보관하고 있었다. 특히 졸업한 학생들에 대한 정보를 온전히 보전하고 있어 국가기관보다 오히려 구체적인 자료가 있을 가능성이 높았다. 고려대학교 박물관 학예사의 도움을 받아 자료 보존고에 있는 당시 사료들을 꺼내볼 수 있었다. 오래된 졸

翼朱 科法

취재진이 고려대학교 박물관에서 찾은 1918년 졸업앨범 속 주익 선생. 사진 아래에 '법과(法科) 주익'이라고 쓰여 있다.

업앨범에서 주익의 사진을 찾을 수 있었는데 100년이 지나 빛은 바랬지만, 상태는 양호했다.

학적부에 나온 인적사항을 보니 본관은 신안이고, 당시 법학과에 재학 중이었다. 국가보훈처조차 알아내지 못한 주익의 정보가 이곳에 잠들어 있었다. 당시 집주소가 적혀 있었지만, 토지대장과 등기부등본을 확인해보니 하숙집 주소였다. 지금은 그와 관련된 정보를 찾을 수 없었다.

그래도 중요한 소득이었다. 이 정보를 토대로 후손을 찾아보기로 했다. 먼저 주익의 본관 신안 주씨 종친회를 찾아갔다. 특히 취재진이 기대한 것은 족보였다. 족보는 조상에 대한 미화나 가문에 이로운 주관적 서술이 주를 이루는 편이라 사료 가치가 높다고 볼 순 없다. 다만 기존 사료에 기록되지 않은 사실들이 담겨 있거나 가문에서만 아는 개인 정보들이 적혀 있을 가능성이 있다. 개인 정보를 찾기엔 오히려 용이할 수 있는 것이다.

운이 좋았다고 해야 할까. 보통 30년에 한 번씩 족보를 갱신하는데 신안 주씨는 몇 년 전 족보를 갱신한 상태였다. 말하자면 최근에 종합 정리를 한 번 끝마친 셈이었다. 족보를 뒤진 끝에 주익의 이름을 한구석에서 찾을 수 있었다. 신간회 활동을 했으며 항일투사라는 간략한 설명이 달려 있었다. 우리가 찾던 그 주익이었다.

인적사항 미상이라는 국가보훈처의 설명이 무색하게도 주익의 흔적들은 대학 박물관과 종친회 등 곳곳에 비교적 남아 있는 편이었다. 족보에는 후손에 대한 정보도 담겨 있었다. 주익에게는 아들 한 명만 있었는데 한국전쟁 때 사망했다고 한다. 대신 생존한 손자에 대한 정보를 찾을 수 있었다. 손자의 이름은 주격림, 직업은 의사라고 기록돼 있었다.

어쩌면 이것도 운이 좋았다고 볼 수 있다. 손자 주격림 씨의 직업이 의사라는 점은 연락이 닿을 가능성이 있다는 걸 의미했다. 의사협회와 의료기관들이 그 창구였다. 주격림이라는 이름이 희소하다는 점도 취재를 상대적으로 용이하게 만드는 부분이었다. 취재진의 연락처를 곳곳에 남기면서 수소문한 끝에 주격림 씨 가족과 연락이 닿았다. 그는 부산에 살고 있었다.

취재진과 만난 주격림 씨는 본인이 5대 독자라고 설명했다. 수년 전 병원에서 진료를 보던 중 어느 환자로부터 '자손의 흔적'을 남기는 일이 중요하다는 조언을 들었다고 했다. 그 말을 듣고 종친회에 연락해 족보에 이름을 올렸다고 말했다. 그가 환자 말에 귀 기울이지 않았다면, 그가 종친회에 연락하지 않았다면, 그리고 신안 주씨 종친회가 때마침 족보 갱신 작업을 하지 않았다면, 우리가 주익 선생의 직계 후손을 찾는 일은 불가능했을지도 모른다.

주격림 씨는 할아버지에 대한 기억이 거의 없었다. 전쟁 통에 남쪽으로 내려오느라 집안에 호적은 물론이고 변변찮은 사진 한

장 남아 있지 않은 상태였다. 자신의 어머니, 그러니까 주익 선생의 며느리는 할아버지의 흔적을 지금 당장 되찾긴 어렵겠지만, 언젠가 여건이 되면 꼭 독립운동가로서의 명예를 회복해드려야 한다는 말씀을 자주 하셨다고 한다.

　주격림 씨와 후손들은 취재진이 가져온 할아버지 졸업앨범 사진과 학적부 기록을 처음 마주했다. 말로만 듣던 독립운동가 할아버지의 얼굴을 처음 보는 순간이었다. 후손들은 할아버지의 20대 초반 젊은 모습을 한참 동안 들여다봤다. 기개가 넘치는 얼굴이며 이목구비를 손자 주격림 씨가 닮은 것 같다고 말했다.

취재진이 주익 선생의 손자 주격림 씨(맨 오른쪽) 등 후손을 만나 이야기를 나누고 있다.

주격림 씨와 후손들은 그동안 서훈 신청을 할 생각을 하지 못했다. 할아버지에 대한 정보가 거의 없어서 입증 과정이 쉽지 않아 보였기 때문이다. 통일이 되면 북에 가서 할아버지 자료를 찾아봐야겠다는 막연한 생각만 하고 있었다고 한다. 취재진이 건넨 3·1운동 계보도와 각종 자료들을 보고서는 이제라도 조부의 명예를 되찾아드릴 수 있도록 서훈 신청을 생각해보겠다고 말했다.

취재진이 추적한 또 한 명의 인물이 있었다. 역시나 '인적사항 미상'으로 분류된 이강우 목사다. 앞서 말한 것처럼 3·1운동을 주도한 커다란 축은 단연 종교계다. 손병희 선생을 주축으로 한 천도교, 이승훈 선생을 중심으로 한 기독교, 그리고 만해 한용운이 이끈 불교계는 종교 조직을 총동원해 항일운동에 앞장섰다.

전국 곳곳에 뿌리를 내린 교회와 성당은 독립운동의 거점 역할을 맡았다. 이강우 목사도 이천예배당에서 목회 활동을 하며 주민들과 3·1운동에 참여했다. 그가 몸담았던 이천예배당은 현재 이천중앙교회로 이름이 바뀌었다. 교회 측 설명으로는, 그가 전도사로 활동했다는 기록이 있긴 하지만 관련 문서가 모두 소실돼 더 자세한 내용은 확인할 수 없다는 것이었다.

이강우 목사가 지역에서 전도사로 활동했다면, 그에 대해 이런저런 이야기를 전해 들었을 만한 지역 원로가 있을지도 몰랐다. 수소문한 끝에 이강우 목사의 호적을 가지고 있다는 한 원로 목사를

이강우 목사. 사립양정여학교 교장 시절에 찍은 것으로 추정된다.

만날 수 있었다.

호적을 갖게 된 사연은 30년 전으로 거슬러 올라간다. 어느 날 이강우 목사의 딸이 찾아와 호적을 건네주며 아버지에 대한 더 자세한 기록을 찾아달라고 부탁했다고 한다. 아버지가 이천 지역에서 활동했으니 이천 지역 원로 목사에게 부탁한 것이었다. 하지만 별다른 기록을 찾지 못하고 지금까지 호적만 보관해왔다는 이야기였다.

이강우 목사의 딸은 이경애 씨였다. 30년 전 찾아왔을 당시 춘천의 한 교회 장로였다고 하는데 그 이후 연락이 끊겼다고 했다. 취재진은 즉시 춘천의 해당 교회에 연락했고, 지금도 이경애 씨가 장로라는 사실을 확인할 수 있었다.

이경애 씨는 아흔을 넘긴 고령으로 서울의 한 요양원에서 지내고 있었다. 그는 아버지에 대해 단편적인 기억만 가지고 있었다. 아버지가 독립운동을 하느라 거의 바깥 활동만 해서 어머니한테 사랑받는 남편은 아니었다고 회상했다. 집보다는 밖에서 지내는 날이 더 많았고, 가끔씩 집에 올 때면 자신을 엄하게 교육했다고 한다.

이경애 씨는 지금은 기력이 쇠해 요양원에 머물고 있지만, 30년 전에는 아버지를 그리워하며 아버지 행적을 더듬어 교회 이곳저곳을 찾아다녔다. 그 과정에서 이천 지역 목사에게 아버지 호적까지 넘기며 알아봐달라고 부탁했는데, 그게 오늘날 우연치 않게 우리가 연락이 닿게 된 접점이 된 것이다. 아버지를 찾으려는 그의 노력이 돌고 돌아 30년 만에 결실을 보게 됐다. 3·1운동 계보도와 사료를 토대로 자신의 아버지가 3·1운동의 한 주역으로 활동했다는 사실을 이렇게 확인하게 될 줄은 정말 예상치 못했다는 반응이었다.

취재진은 국가가 놓친 숨은 주역들을 더 추적했지만 아쉽게도 몇몇 사람들의 흔적만 찾을 수 있었다. 취재를 진행할수록 계보도에 나온 숨은 주역들의 행적을 확인하고 이들에 대한 역사적 재평가가 시급하다는 사실을 다시금 느낄 수 있었다. 사실상 자신의 모든 것을 걸고, 각자의 자리에서 항일 만세운동에 앞장선 그들의 공로를 이대로 묻어둔 채로 놔둘 수는 없다. 여전히 우리가 발견하지 못한 사료들이 많을 것이고, 그들의 후손도 우리 곁에 존재하고 있을 것이다. 아직 남은 과제가 많다.

3·1운동 계보도와 숨은 주역들의 행적, 그리고 몇몇 후손들의 반응들은 2019년 3월 1일 〈3·1운동 100주년 특집 9시 뉴스〉에서 자세히 소개됐다. 그로부터 8개월이 지나 우리도 이들에 대한 기억을 까맣게 잊고 있을 때, 학생 대표자 주익 선생의 손자 주격림 씨에게서 연락이 왔다. 11월 17일 '순국선열의 날'을 맞아 할아버지가 드디어 건국훈장 애국장을 받게 됐다는 소식이었다.

한국전쟁 당시 모든 자료를 잃어버려 서훈 신청을 포기하고

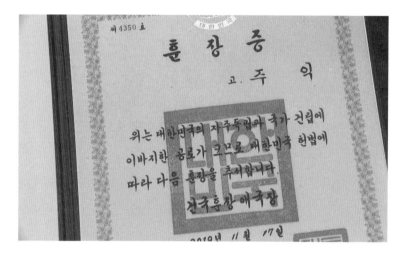

2019년 11월 17일 주익 선생의 후손 주격림 씨가 받은 훈장증.
주익 선생이 건국훈장 애국장을 받게 됐다.

있었는데 KBS의 취재로 조부의 공적이 국가로부터 인정받게 돼
한을 풀게 됐다며 매우 기뻐했다. 격동의 그날, 3·1운동 학생 대표자
가운데 한 명으로 탑골공원에서 만세 함성을 외쳤을 주익 선생이
100년 만에 국가로부터 독립유공자로 공인받게 된 것이다.

　이날은 주익 선생 말고도 계보도에 등장하는 또 다른 '숨은 주
역' 네 명이 독립유공자로 선정됐다. 천도교 금융관장으로 독립운
동 자금을 조달한 노헌용은 건국훈장 애족장, 세브란스의전 학생
신분으로 3·1운동에 참여한 이굉상은 건국포장, 강원도에서 100여
명의 군중을 인솔해 독립만세를 외친 김이순은 대통령 표창, 경기

도 수원을 중심으로 3·1운동에 참여한 임응순도 대통령 표창을 받았다. 그동안 잊혔던 3·1운동의 주역들이 역사에 이름을 남기게 된 뜻깊은 날이었다. 취재진도 기념식을 찾아 이들이 훈장을 받는 모습을 함께 축하했다.

조금 진부한 이야기일 수도 있지만, 언론인으로서 가장 보람을 느끼는 순간이 바로 '취재의 긍정적 결과'를 눈으로 확인할 때다. 역사는 지나간 과거만의 이야기가 아니다. 오늘도 이렇게 새롭게 쓰이고 있다.

12장

해방과 동시에
사라진 이름,

밀정

청산의 핵심은 신속함에 있을 것이다. 신속하지 않으면 성공할 수 없다. 청산을 반대하는 진영의 만만찮은 힘이 시간이 갈수록 더욱 탄탄해지기 때문이다. 원래부터 패권은 그들 손에 있었고, 잠시 잃은 패권을 다시 회복하는 일을 그들은 유능하게 수행한다.

청산이 길어질수록 피로감도 커진다. 청산에 찬성하는 사람이든 반대하는 사람이든 어느 순간부터 모종의 피로감을 표시하는 것은 마찬가지다. 드높았던 여론이 뭔가 주춤하고 오염되고 일그러지는 때가 바로 이 즈음이다.

청산이 그 자체만으로 완결된 목적을 갖는다기보다는, 청산을 통해 미래지향적 통합을 도모하는 것이 궁극적 목적이라는 점을 생각한다면 신속함은 더욱 요망된다. 민첩하고 실질적인 청산이 있어야만 미래를 위한 통합에 박차를 가할 수 있다. 일단락이 있어야 그다음 단락을 펼칠 수 있기 때문이다. 물론 신속성만을 강조하고 실질적 알맹이가 없으면 기회주의와 회의주의가 만방에 퍼져나갈 수밖에 없다는 점도 잊어서는 안 된다.

해방 이후 반민특위(반민족행위특별조사위원회)가 실패로 돌아갔다는 명증한 사실은 우리에게 청산이 얼마나 어려운 일인지를 실감하게 해준다. 미군정과 이승만 정부에서 원인을 찾는 것은 타당하고 적확하다. 그러나 간편한 일인지도 모른다. '도둑처럼 찾아온' 해방정국에서 우리 민족의 주체적 역량이 신속하고 실질적인 청산을 수행할 만큼의 수준에 미치지 못했다는 게 더욱 깊은 시선일 것이다. 물론 이런 자기반성적 언어가 미군정과 이승만 정부를 향한 비판을 차단하는 기능을 해선 곤란하다. 우리에겐 두 관점 모두가 필요할 것이다.

청산이 되었든 안 되었든 친일파는 짧게나마 사람들에게서 비난의 손가락질이라도 받았다. 잠시나마 망신이라도 당했다. 아직 해결해야 할 과제가 많이 남아 있긴 하지만, 해방 70년이 넘은 지금 친일파에 대한 학문적·공식적 평가와 서술은 어느 정도 누적돼온 게 사실이다. 오늘날 누구도 이광수와 최남선을 좋게 기억하진 않는다.

그러나 밀정은 어쩌면 '해방과 동시에 사라진 이름'이다. 공개적 행보를 보인 친일파와 달리 사람들은 밀정의 정체를 잘 알아볼 수 없었다. 의심의 눈초리야 보낼 수 있었겠지만 국가가 공인한 반민특위마저 와해되는 판국에 명확한 증거가 없는 밀정을 찾아내 단죄하는 것은 사실상 불가능한 일이었다. 그들은 야금야금 스며들었다. 대한민국 군과 경찰에, 정치권과 관공서에 알게 모르게 흡수되었다. 남몰래 스며드는 것. 그것이야말로 그들의 주특기이자 전공 분야였다.

친일반민족행위자 명단 속에 밀정의 이름이 거의 없다시피 한 것도 이 때문이다. 일본군 100명보다 밀정 한 명이 더 무섭다는 말이 있을 정도로 그들이 끼친 해악은 치명적이었지만 청산은커녕 역사적 평가 측면에서도 그들은 무풍지대에서 보전될 수 있었다. 과거 일제강점기에도, 해방 이후 대한민국 정부에서도 그들은 암약하는 존재에 걸맞게 적발하기 어려운 자들이었다.

그래서 우리는 이번 취재가 일종의 시작점이 되길 바란다. 그동안 제대로 탐구되지 못했던 영역에 진입하는 어떤 첫 발자국이었으면 좋겠다. 다소 무모했을지라도 상관없다. 무모하지 않았다면 첫걸음을 뗄 수 없었을 테고, 그런 무모한 시도야말로 언론의 역할이자 숙명이니까 말이다. 전문가들은 이번 프로젝트가 '독립운동의 이면사를 쓰는 일'이라고 평가해주었다. 젊은 저널리스트들에게 보내는 과분한 칭찬이자 격려다. 그러나 그 말 속에 일말이라도 실체가 담겨 있다면, 그런 이면사의 서술을 이제 학계와 국가가 본격적으로 진행해주셨으면 한다. 논의의 촉발은 언론의 몫이지만 역사의 기록은 공인된 학계의 몫이다.

우리 취재진에게도 향후의 과제가 하나 남아 있다. 일제강점기의 밀정뿐만 아니라 해방 이후 '대한민국에 스며든 밀정'의 흔적을 추적하는 게 바로 그것이다. 그것을 탐구하다 보면 독립운동의 이면사에서 그치는 게 아니라 대한민국 현대사의 이면을 들여다볼 수 있을지도 모른다. 다시 한 번 대중에게 밀정의 치명적 존재상을 드러낼 수 있는 기회가 왔으면 하고 바라본다.

895명. 우리가 1년간의 취재를 통해 확인한 이른바 '밀정 혐의자'들
이다. 상당수는 일제로부터 꼬박꼬박 월급을 받아 챙긴 '직업 밀정'
이다. 일본 제국주의가 온전히 작동하는 데에는 '실핏줄'과도 같이
곳곳에 뻗쳐 있는 이들의 왕성한 활동이 필수적이었다. 일본 입장
에서는 이들의 정체가 발각되지 않는 것이 '제국의 안위'를 지키는
데 전제 조건과도 같았다. 895명 가운데에는 우리가 앞서 고발한
것처럼 대한민국의 공인을 받은 독립유공자로 둔갑한 사람들도 포
함돼 있다.

 '밀정'이라고 표현하지 않고 '밀정 혐의자'라고 이름 붙인 것은
일종의 학문적 여지를 남겨놓은 것이라고 해두자. 물론 우리는 취
재 과정에서 문제적 인물이 포착될 경우, 해당 사건·시기·지역을 전
공한 전문가들을 찾아 분석과 진단을 촘촘하게 받았다. 자의적 판

단을 하지 않았다는 이야기다. 그러나 언론의 역할은 합리적 근거를 동반한 문제 제기를 도전적으로 하되, 최종적 심판의 몫까지 가져가려 해선 안 된다는 생각이다. 일종의 조심스러움일 수도 있겠지만, 역사 앞에서의 어떤 겸손함 차원이라고 이해해주면 좋겠다.

895명은 물론 빙산의 일각이다. 36년 동안의 일제강점기에 밀정으로 활동했던 사람들의 수는 가늠하기조차 힘들 것이다. 수만, 아니 수십만 명이었는지도 모른다. 그들 가운데에는 한일병탄 이후에 태어나 피식민의 개념도 없이 일본을 곧 조국으로 인식했을 사람도 있었을 것이다. 먹고살기 힘들어 궁여지책으로 밀정 노릇을 선택한 이들도 있었을 것이다. 독립운동 진영의 파벌 싸움에 염증을 느껴 배신의 길을 걸어간 이들도 있었을 것이다. 인간은 매우 강인한 존재지만, 어떤 조건하에서는 한없이 나약한 존재가 되어버리니까 말이다.

그러나 그들이 그런 '현실적 선택'을 할 당시, 누군가는 해방의 빛을 향해 포기하지 않고 뚜벅뚜벅 전진했다. 목숨을 걸었고, 그랬기에 목숨을 잃었다. 살이 찢겨 나갔고 사랑하는 가족과 동지를 떠나보냈다. 이들이 엄존하고 있었다는 사실을 상기하는 순간 우리는 묻지 않을 수 없다. 무엇을 기억해야 하고, 무엇을 단죄해야 하는가. 당대에 태어났다면 우리는 어떤 삶을 살아갔을 것인가. 895명 밀정 혐의자들의 이름을 공개하는 것은 이런 물음에 대한 하나의 응답이다.

KBS 탐사보도부가 확인한 895명의 밀정 혐의자들

강경팔	계승호	김공엽	김달준	김명균
강금철	고병결	김관일	김달하	김명렬
강동락	고병택	김광	김대원	김명복
강락원	고성오	김광련	김대형	김명인
강문백	고성환	김광준	김덕기	김명진
강문형	고성환	김광추	김덕삼	김명집
강병철	고운학	김교익	김덕삼	김명춘
강봉현	고진화	김규동	김덕형	김문근
강석호	곽봉산	김극전	김도순	김문협
강선장	권봉수	김기양	김도영	김문호
강영화	기병연	김기욱	김동대	김민구
강용만	김갑명	김기조	김동열	김민용
강준수	김강림	김기준	김동주	김방혁
강진한	김경렬	김기충	김동한	김병건
강창호	김경률	김기형	김동환	김병규
강택규	김경선	김기홍	김동훈	김병수
강필경	김경선	김길준	김동훈	김병수
강한말	김경연	김길춘	김두천	김병옥
강한수	김경준	김남길	김래봉	김병우
강해범	김경호	김내범	김리구	김병헌
계덕필	김경희	김달문	김만수	김병호

김병희	김석룡	김순열	김영호	김유영
김보현	김석충	김승	김옥만	김윤규
김복	김석필	김승로	김완태	김윤신
김봉국	김석홍	김승환	김용국	김윤옥
김봉래	김선옥	김시준	김용규	김윤집
김봉선	김성곤	김시철	김용문	김윤택
김봉섭	김성룡	김양천	김용범	김응룡
김봉수	김성린	김연욱	김용봉	김응문
김봉순	김성민	김연정	김용식	김응실
김봉재	김성오	김연하	김용식	김이수
김봉호	김성욱	김열	김용욱	김이원
김봉활	김성준	김영건	김용하	김이출
김사훈	김성천	김영길	김우건	김익
김상률	김성철	김영배	김우조	김인만
김상범	김성하	김영복	김우택	김인순
김상섭	김성학	김영수	김우현	김인승
김상필	김세윤	김영식	김운보	김인희
김상필	김세진	김영주	김웅이	김일룡
김상헌	김소달	김영천	김원순	김장현
김생려	김송열	김영철	김원철	김장희
김서방	김수근	김영춘	김유복	김재룡

김재범	김종성	김천룡	김학권	노중산
김재수	김종원	김철	김학로	도용해
김재영	김종원	김청현	김학룡	도헌
김재원	김종진	김춘수	김학린	동섭포
김재윤	김종하	김충록	김학문	라청송
김재헌	김종헌	김취일	김한표	마문막
김재홍	김주석	김치극	김행규	모정풍
김재희	김주홍	김치만	김형식	문종수
김정	김준근	김치범	김형태	민영헌
김정국	김준명	김태구	김호	민원식
김정규	김준현	김태석	김화룡	민하연
김정률	김중익	김태선	김황상	민학식
김정엽	김중화	김택룡	김흥국	박감상
김정우	김지섭	김파	김흥수	박건한
김정태	김창범	김평	김희열	박경명
김정태	김창성	김하구	김희영	박경성
김정한	김창욱	김하근	남규강	박경순
김정희	김창원	김하석	남복명	박경악
김제형	김창주	김하성	남성률	박광서
김종락	김창화	김하정	남승범	박규명
김종린	김창희	김하청	남희철	박균섭

박기선	박순보	박이규	박화계	사태현
박노천	박순일	박인순	박화상	서상구
박덕린	박순필	박장훈	박환일	서상룡
박덕순	박승벽	박정삼	박황희	서상용
박동규	박승선	박정선	박흥건	서석초
박동근	박승필	박제간	방두성	서영선
박두남	박승호	박제건	방리환	서영춘
박득범	박영길	박제경	방만영	서영희
박라현	박영진	박제현	방수현	서완산
박래천	박완구	박준근	방진교	서초
박로환	박용묵	박진조	방훈	서춘당
박병국	박용철	박창근	배상렬	서춘종
박병봉	박용환	박창림	배영준	석성환
박병일	박운경	박창해	백규삼	석현구
박봉순	박원식	박춘겸	백락삼	선우갑
박상갑	박원효	박춘섭	백원장	성기일
박상과	박유병	박치겸	백진언	성문석
박상관	박윤권	박치경	변명규	손서헌
박상진	박은양	박태옥	변영서	손승국
박석윤	박응칠	박학만	부영청	손지환
박성민	박의병	박한경	사장원	손창식

송관흥	신종석	양동현	여윤범	원용건
송기손	신좌균	양량옥	염익지	원용덕
송기옥	신창희	양복동	오덕수	원용익
송기종	신충렬	양복리	오덕윤	원정환
송기환	신태현	양석환	오성룡	원종명
송도여	신태현	양영회	오성륜	원충희
송도흥	심병남	양진길	오약진	원치상
송두후	심신언	양진청	오인근	원한준
송병두	안갑용	양춘제	오인묵	원혜봉
송병원	안경동	엄계력	오정순	유광순
송세호	안기백	엄금석	오종원	유길선
송의봉	안동섭	엄기동	오창걸	유두익
송재선	안석기	엄노섭	오치춘	유민삼
송제득	안용순	엄대호	오현주	유석현
송주경	안용정	엄득일	왕현정	유익겸
송헌철	안태훈	엄면흥	왕홍삼	유인발
신경운	안필헌	엄석인	우덕순	유중희
신명균	안형섭	엄세화	우상기	유찬빈
신석방	안훈철	엄을룡	우치삼	유창범
신선학	양기현	엄인섭	원경상	유촌규
신용헌	양덕산	여경휘	원근명	유학로

육상태	이경재	이명춘	이영근	이인섭
윤달수	이계용	이명환	이영길	이인수
윤대영	이근선	이문규	이영선	이일봉
윤병하	이근식	이문용	이영수	이자식
윤봉섭	이근영	이문의	이영순	이재익
윤산천	이금석	이문호	이영일	이재춘
윤성세	이기수	이민호	이영학	이정
윤영복	이기용	이배성	이오익	이정갑
윤일병	이기태	이범락	이완구	이정식
윤임필	이길봉	이병문	이완룡	이정원
윤자록	이길선	이봉권	이용국	이종규
윤자명	이달순	이봉남	이용로	이종길
윤자성	이덕선	이봉운	이용향	이종락
윤창언	이덕준	이상헌	이우민	이종익
윤충렬	이동빈	이선현	이욱	이종태
윤치은	이동성	이성구	이웅이	이종학
이갑녕	이동필	이성화	이원호	이종홍
이갑장	이동화	이세현	이윤길	이죽파
이경란	이동화	이수봉	이윤섭	이준성
이경세	이두명	이시일	이은준	이준열
이경재	이만기	이식영	이은학	이중옥

이지춘	이학춘	장남해	전학철	정창석
이지하	이현우	장달화	전화헌	정춘환
이진옥	이호준	장두성	정경찬	정태옥
이창민	이희간	장문재	정광해	정태철
이창엽	이희형	장문화	정국동	정해봉
이창운	임경섭	장순봉	정기영	정현철
이창화	임경희	장우형	정기해	정희천
이천신	임곡	장윤경	정길중	조기연
이철학	임광석	장제선	정남섭	조만기
이청산	임규상	장지량	정노해	조만춘
이춘	임동규	장학수	정라술	조명선
이춘근	임서약	장학철	정만길	조연응
이충근	임서학	전극일	정병칠	조운서
이치문	임영준	전상룡	정운복	조을선
이칠성	임우종	전영우	정을선	조종훈
이태서	임재춘	전영표	정인옥	조효중
이태준	임창일	전일	정인혁	종일현
이판안	임향림	전재덕	정재봉	주권덕
이필순	장갈성	전진국	정재황	주림
이필홍	장경화	전창식	정진경	주시덕
이하수	장기환	전태선	정진영	주인돈

주인동	최경선	최선경	최입원	최헌
주인찬	최고현	최세규	최재홍	최현삼
주형산	최규진	최송길	최정규	최형근
주화	최기남	최수길	최정옥	최호봉
지상종	최기형	최순일	최정익	최흥빈
지성삼	최길상	최영길	최정일	태봉일
지외룡	최대관	최영찬	최준태	태영수
지장손	최덕해	최영태	최진남	하천청
지하연	최동륜	최영혁	최찬근	하학수
지하영	최두남	최용근	최창극	한경원
진영팔	최만충	최우천	최창락	한규영
진종환	최명덕	최운칠	최창순	한기동
진진옥	최명준	최웅	최창옥	한동기
차거화	최미길	최웅남	최창주	한명균
차익준	최배천	최원탁	최창준	한무
차창권	최병규	최윤	최창협	한민제
차청룡	최봉욱	최윤주	최철룡	한민헌
채규오	최상설	최의풍	최철학	한백순
채병묵	최상진	최인길	최치도	한병규
천재춘	최석근	최인정	최치봉	한병호
최강철	최석환	최일능	최태욱	한여신

한영섭	허동수	홍용명
한용락	허영수	홍종구
한용래	허용환	홍창범
한우권	허익	황도현
한응보	허일	황동식
한일룡	허일권	황룡수
한정일	허장룡	황성학
한찬	허진성	황운흥
한창원	허호	황치부
한충손	허활	황학선
한태권	허흥준	황호현
한태길	현규봉	황희근
한태섭	현시달	황희수
한풍만	현용지	
한한영	홍병수	
한형기	홍상린	
한흥	홍석호	
허광윤	홍성우	
허기락	홍세헌	
허기열	홍순철	
허기훈	홍승훈	

밀정,   우리 안의 적

초판 1쇄 발행   2020년 8월 15일
초판 2쇄 발행   2020년 10월 20일

지은이   이재석·이세중·강민아
발행인   윤호권·박헌용
책임편집   정은미
발행처   지식너머
출판등록   제2013-000128호
주소   서울특별시 서초구 사임당로 82 우편번호 06641
전화   편집 (02) 3487-4750, 영업 (02) 2046-2800
팩스   편집·마케팅 (02)585-1755
홈페이지   www.sigongsa.com

ISBN   979-11-6579-166-7   03910